U0041017

史記・歷史的長城

李永熾・編撰

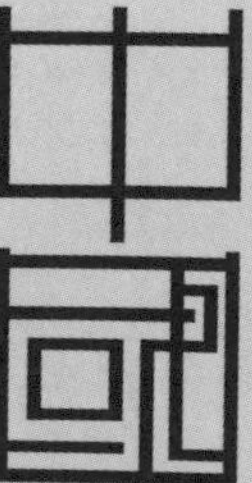

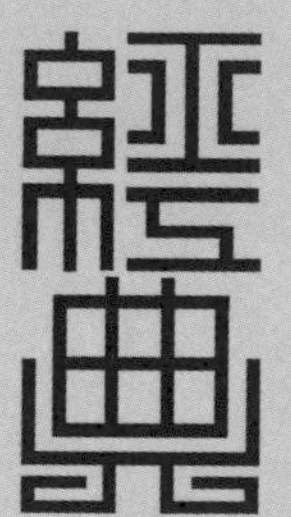

36

出版的話

時報文化出版的《中國歷代經典寶庫》已經陪大家走過三十多個年頭。無論是早期的紅底燙金精裝「典藏版」，還是50開大的「袖珍版」口袋書，或是25開的平裝「普及版」，都深得各層級讀者的喜愛，多年來不斷再版、複印、流傳。寶庫裡的典籍，也在時代的巨變洪流之中，擎著明燈，屹立不搖，引領莘莘學子走進經典殿堂。

這套經典寶庫能夠誕生，必須感謝許多幕後英雄。尤其是推手之一的高信疆先生，他秉持為中華文化傳承，為古代經典賦予新時代精神的使命，邀請五、六十位專家學者共同完成這套鉅作。二〇〇九年，高先生不幸辭世，今日重讀他的論述，仍讓人深深感受到他對中華文化的熱愛，以及他殷殷切切，不殫編務繁瑣而規劃的宏偉藍圖。他特別強調：

中國文化的基調，是傾向於人間的；是關心人生，參與人生，反映人生的。我們

的聖賢才智，歷代著述，大多圍繞著一個主題：治亂興廢與世道人心。無論是春秋戰國的諸子哲學，漢魏各家的傳經事業，韓柳歐蘇的道德文章，程朱陸王的心性義理；無論是貴族屈原的憂患獨歎，樵夫惠能的頓悟眾生；無論是先民傳唱的詩歌、戲曲，村里講談的平話、小說……等等種種，隨時都洋溢著那樣強烈的平民性格、鄉土芬芳，以及它那無所不備的人倫大愛；一種對平凡事物的尊敬，對社會家國的情懷，對蒼生萬有的期待，激盪交融，相互輝耀，繽紛燦爛的造成了中國。平易近人、博大久遠的中國。

可是，生為這一個文化傳承者的現代中國人，對於這樣一個親民愛人、胸懷天下的文明，這樣一個塑造了我們、呵護了我們幾千年的文化母體，可有多少認識？多少理解？又有多少接觸的機會，把握的可能呢？

參與這套書的編撰者多達五、六十位專家學者，大家當年都是滿懷理想與抱負的有志之士，他們努力將經典活潑化、趣味化、生活化、平民化，為的就是讓更多的青年能夠了解繽紛燦爛的中國文化。過去三十多年的歲月裡，大多數的參與者都還在文化界或學術領域發光發熱，許多學者更是當今獨當一面的俊彥。

三十年後，《中國歷代經典寶庫》也進入數位化的時代。我們重新掃描原著，針對時

代需求與讀者喜好進行大幅度修訂與編排。在張水金先生的協助之下，我們就原來的六十多冊書種，精挑出最具代表性的四十種，並增編《大學中庸》和《易經》，使寶庫的體系更加完整。這四十二種經典涵蓋經史子集，並以文學與經史兩大類別和朝代為經緯編綴而成，進一步貫穿我國歷史文化發展的脈絡。在出版順序上，首先推出文學類的典籍，依序有詩詞、奇幻、小說、傳奇、戲曲等。這類文學作品相對簡單，有趣易讀，適合做為一般讀者（特別是青少年）的入門書；接著推出四書五經、諸子百家、史書、佛學等等，引導讀者進入經典殿堂。

在體例上也力求統整，尤其針對詩詞類做全新的整編。古詩詞裡有許多古代用語，需用現代語言翻譯，我們特別將原詩詞和語譯排列成上下欄，便於迅速掌握全詩的意旨；並在生難字詞旁邊加上國語注音，讓讀者在朗讀中體會古詩詞之美。目前全世界風行華語學習，為了讓經典寶庫躍上國際舞台，我們更在國語注音下面加入漢語拼音，希望有華語處，就有經典寶庫的蹤影。

《中國歷代經典寶庫》從一個構想開始，已然開花、結果。在傳承的同時，我們也順應時代潮流做了修訂與創新，讓現代與傳統永遠相互輝映。

時報出版編輯部

【導讀】

史學與文學雙美的歷史巨著

李永熾

《史記》是兩千多年前司馬遷所寫的一本歷史鉅構。全書包含的時代相當長，從傳說的五帝時期到司馬遷生活其間的漢武帝時代。司馬遷不謹記述中國，還描寫了中國四周的民族，如朝鮮、匈奴和西南夷等。當時的中國人相信，這些地區加上中國就構成了整個世界，所以司馬遷所寫的不單單是中國史，也是世界史。

《史記》不僅寫出時代與邊裔的歷史，還描寫政治、經濟、天文、地理、音樂、卜卦、祭祀等人類生活的各種面貌，所以也是一部文化與社會史的書。

司馬遷執筆寫《史記》之前，曾經旅行全國兩次，考察史蹟。第一次旅行時，他才二十歲左右，從長江繞到淮河流域，登上浙江的會稽山和湖南的九疑山等，探查古聖人的遺蹟。然後經沅水、湘水，從汶水、泗水北上，進入現在的山東、河北兩省，探訪齊、魯兩國的首都；又在薛（山東滕縣東南）和彭城（江蘇銅山縣）考察項羽和劉邦爭霸的遺蹟。然後經梁、楚（橫跨河南、江蘇、安徽、湖北四省的地方）回漢朝的首都長安。

第二次是在司馬遷任職郎中（宮中宿衛）之後。這次旅行走得更遠，從四川、湖南直到西南夷居住的貴州、廣西一帶，而後經雲南昆明回到首都。

第二次旅行回來，正逢父親司馬談去世。司馬談要他把《春秋》以後四百年的歷史寫出來。三年後，司馬遷繼承父親的職位，擔任太史令，掌管公家文書紀錄。由於這個職位，他可以自由披覽宮廷中庋（ㄐㄧˇ jǐ）藏的各種紀錄和各類文獻。

於是，司馬遷秉承父親遺命，利用這些資料，和自己兩次旅行全國考察古蹟的經驗，開始執筆寫這部歷史鉅構。史實和實地考察的結合，使這部歷史著作栩栩如生，充滿了活力。書中的人物不再是歷史上的古人，就像是活在我們四周這些有生命的人。司馬遷生動傳神的文章，使《史記》讀來倍覺親切而不隔。

《史記》寫到中途的時候，司馬遷遭遇了人生中最大的屈辱。因為替寡不敵眾、力戰到底才投降匈奴的李陵（李廣的孫子）辯護，觸怒了漢武帝，被處宮刑。這刑罰對男人來說是最大的侮辱。但是，司馬遷受刑之後，仍然繼續寫完他的《史記》。《史記》中對人生的批判、對人間不平不公的抗議、對命運無情的悲憤、對失敗英雄深厚的同情，可能與他受此大辱有密切關係。

《史記》共一百三十卷，由「本紀」、「表」、「書」、「世家」和「列傳」五部分組構而成。「表」類似今日的年表和系譜；「書」記述人類生活環境四周的自然與文化現象；「本紀」、「世家」和「列傳」屬於傳記部分。「本紀」記述歷代帝王；「世家」記述各地諸侯；「列傳」是個人的傳記。在這五部分中，「本紀」、「世家」和「列傳」卷帙最多，所以《史記》可以說是由不同人物集體組合而成的史書，鮮明傳神、深刻入微地描繪出推動歷史巨輪的人物形象，以及他們的思想與行動。因此，從縱的方面來說，《史記》是由人物集體組合而成的歷史畫頁；同時也勾勒出上下數千年時代的變遷，實是一部傑出而富創造性的歷史書。

從橫的方面來說，《史記》中的出場人物都保有他們本來的個性，也有他們自己的執著與哀樂，幾乎沒有雷同的地方，讀來有如看一部精緻生動的小說，趣味盎然，所以《史記》也可以說是一部精美的文學作品。

因而不論在中國史學史或中國文學史上，《史記》都具有里程碑的重要地位。

可是，《史記》卷帙浩繁，又用古文撰寫，讀者必須具有相當的素養，否則不容易看懂。因此，這本用白話改寫的《史記》擇寫了原著中最精采的部分。為了保持司馬遷將歷史和文學結合的精神，這部改寫本是以歷史的發展為主題，而從《史記》原著各篇中抽離出相關的事蹟，重新組合成一篇篇完整的故事，以增加閱讀的方便。每篇故事盡量保持原著的生動與趣味，希望經由這些故事，不僅能體現出原著的精神，同時也能展現中國古代歷史巨流的變遷與特色。

史記◆歷史的長城

目次

一代巨擘
千載歷史

一、傳說中的聖王

——〈五帝本紀〉、〈夏本紀〉

一般認為中國文明起源於黃河流域。黃河流域的地層屬黃土層，沒有茂密的森林，容易開墾，適於耕種，所以中國文明在黃河流域很快就發展起來。可是，黃河容易泛濫，一遇大雨，便濁流滾滾，沖失一切。因而治水工作自遠古以來就為國人所重視。《史記・五帝本紀》中的堯、舜、禹一生都傾力於治水。而且這三個帝王都有完美的人格，充分表現了「天下為公」的胸懷，成為後世景仰的對象。

據說，這三個人並不是實際存在的人物，而是後世中國人理想所寄的傳說人物。這三位帝王被描寫成怎麼樣的理想人物？也就是說，中國人理想中的政治人物是怎麼樣的一個人？這從司馬遷《史記》的描述可見一斑。

「天下為公」的政治

泰古時代，中國有一個帝王，名叫放勳，帝號叫做堯。堯雖然在身分與財富上非他人所能及，但是他一點也不驕傲，生活簡樸，衣著和坐騎都跟臣子沒有兩樣。他為人仁慈，智慮深沉。人們都像向日葵一般傾心望日，草木百穀期待雲雨甘霖一樣地景仰他。

堯整頓政治，拔擢（ㄓㄨㄛˊ zhuó）有能力的人才，分任各種職務；又制定正確的曆法，教民耕種的時序，農業因此大為發展。堯在政治上雖有所成，但人的壽命畢竟有限，為了尋找能夠繼續推行良好政治的繼承人，堯召集百官問道：

「誰適合擔任下一任的天子？你們說說看。」

「嗣子丹朱通達有為。王為什麼說出這種話呢？」有臣子問。

「丹朱？他任性、缺乏同情心，又喜歡爭訟，雖是我的兒子，卻不可用。」堯接著又問：「想一想，誰可以繼位呢？」

另一個臣子進言道：

「共工怎麼樣？他善於治水，為大家所尊敬。」

「共工？共工口蜜腹劍，看似恭謹，其實天不怕地不怕，不能體恤人，這種人怎麼可以用！」

當時，洪水泛濫，堯面呈憂色問四嶽道：

「現在洪水滔天，破壞田地，浸漫山林，人民苦不堪言，有沒有人可以治理這場大水患呢？」

四嶽是分別治理天下東西南北四方的首長，他們異口同聲回道：

「鯀（ㄍㄨㄣˇ gǔn）可以治理得了。」

「鯀嘛，常常違反我的命令，又貪婪無饜，大概不能用他來治水吧？」

「總之，先試用看看，要是不行，再罷黜不遲。」

堯聽從四嶽的建議，起用鯀治水。鯀花了九年時間治水，洪水仍然漫天覆地，毫無成果。鯀顯然不是治理國家的人才。堯又召集四嶽說：

「唉，四嶽啊，我已經在位七十年，你們都能老老實實遵守我的命令，體恤老百姓，堅守自己的崗位，替天下人做事，希望你們當中有人能繼承帝位，統治天下。」

「哪裡，我們無德無能，一旦治理天下，必無所成，有辱帝命。」

四嶽都能體諒堯的真心，知道擔任國家最高元首的職位，不是為了獲得權勢，而是能真正替天下人做事，使國家臻於至治。他們覺得自己不是這方面的人才，都推辭不就。

「那麼，你們不要管身分地位的問題，即使是一般平民也沒關係，只要認為是適當的人選，就推薦給我吧！」堯說。

「舜這個人可以。他身在民間，還沒有娶妻生子。」四嶽異口同聲推薦。

「不錯，我也聽說了，他的為人到底如何？」

「他的父親是個瞎子，為人頑固不通事理；母親嘮叨，常無理取鬧；弟弟任性不聽管教。在這樣的家庭裡，他還能孝敬父母、友愛弟弟，使一家人和睦相處，不至於出岔子。」

「呵，真的？那我要試試他。」

堯立刻把舜叫來，將自己的兩個女兒娥皇和女英嫁給他，並且叫自己的九個兒子跟舜一起生活。堯的目的是想看看舜怎樣教導自己的女兒跟兒子。

舜是現在河北省一帶的冀州人。他的祖先也曾是天子，但在舜出生以前就已淪落為平民。他的父親盲瞎，母親早逝。父親再娶，繼母生了一個兒子，名叫象。這個異母弟很任性。但是，父親和繼母疼愛弟弟，常找機會要殺掉舜。舜只要偶有小過失，就要受嚴厲處罰。可是，他仍然事親至孝，友愛弟弟，而且不敢稍有鬆懈。父母即使想殺他，也找不到藉口。

到了二十歲，舜的孝順已經傳播開來，遠近皆知。三十歲時，堯問四嶽可以繼任的人選，四嶽都推舉舜。堯就把兩個女兒嫁給他，想看看他處理家務的情形；又讓九個兒子跟舜一起生活，想知道他怎樣應付外在的人際關係。

舜住在媯（ㄍㄨㄟ guī）水畔，生活越發謹慎。妻子見舜如此，不敢因為出身高貴而瞧不起舜的父母和弟弟，反而把他們當做自己的父母和弟弟一樣，細心照料。堯的九個兒子為人越發忠厚，對舜也敬愛有加。

舜住在歷山時，忙於農事；遷到雷澤，就專心打魚；在黃河邊就製作陶器。舜在歷山耕種時，歷山的人都彼此相讓，不曾為田地發生糾紛；在雷澤打魚，漁民都和睦相處，互相告知打魚的好地方；在黃河邊製陶，陶工都做出了毫無瑕疵的器皿。每住一處地方，那地方就有許多人湧來，一年後就成了一個村落；兩年後成了市鎮；三年後，成了都邑。

堯對舜的為人非常讚揚，送他衣服和琴，另外又加上了牛羊，還替他建倉庫儲存穀物。可是，舜的家人仍舊想殺害他。舜得到穀倉後，他的父親叫他上穀倉塗牆。舜一上去，他父親立刻從下面縱火焚燒。舜在煙霧包圍中，手撐雨笠跳下，才逃過一死。

舜的父親還不死心，要舜去淘井。舜知道父親不懷好意，事先在井裡挖了一個洞。果然，舜進井不久，父親和弟弟就用泥土把井填起來，舜從預先挖好的洞穴走到旁邊的空井才逃出來。

父親和弟弟以為舜必死無疑，都非常高興。弟弟象說：

「這計謀是我出的。舜的妻子和琴歸我所有，牛羊和穀倉就送給爸爸和媽媽。」

象跟父母分了舜的財產以後，走進舜的房間，彈琴為樂。舜從井裡逃出，走回自己的房間。象看到他，吃了一驚，不好意思地說道：

「我正在想念你，心裡鬱鬱不樂。」

「呵，真讓你擔心了。你真是一個友愛的好弟弟。」

舜仍然誠心誠意孝順父母，更加疼愛弟弟。舜在和睦家庭這方面確實毫無瑕疵可言，堯非常讚賞，想進一步去試試他施政的才能。先讓他擔任司徒，掌管教育。他教民以五教，所謂五教是指父、母、兄、弟、子的家庭倫理關係。舜教民五教，人民莫不樂於遵從。

接著又命令舜去監督官吏，所有的官吏都兢兢業業，完成自己分內的工作。於是又讓他去掌理接待四方諸侯的業務，舜也照樣克盡職守，四方諸侯人人稱讚。最後，堯命令舜去祭祀各地的山神與河神，即使遇到狂風暴雨，舜也能毫不迷途地達成任務，祭神而歸。

堯見舜能夠順利完成自己交代的任務，覺得舜實在是不可多得的政治人才，足以掌理天下大政，於是把舜叫來：

「我已經觀察你三年，你凡事都能先有計劃，然後按部就班去做。所交代的事情，也都能順利完成。你登帝位，治理天下，我可以放心了。你就代我登帝位吧？」

舜立刻謙讓：

「我不是一個可以擔當天下大任的人。」

但是，堯仍然熱心勸說，並以自己年老為辭，要舜暫時代他掌理天下大政。舜不得已，只好答應代理堯統治天下。擔任攝政之後，舜把治水失敗的共工和推薦共工的大臣流放到異族居住的地方；也把治水無功的鯀放逐到東方的邊境地區。在內政方面，舜設立各種機構，選任有能之士充任其職，又派遣官吏前往各地，聽取民眾的意見，努力提高人民的生活水準。於是，天下沒有一個人不稱頌舜的政治。

堯將政治委託給舜，過了二十八年便去世了。全國人民好像失去了父母一樣，悲哀逾恆。為了哀悼、思念堯，三年之間，全國聽不到一聲樂音。

堯認為治理天下主要目的乃在於為民謀福利。要替人民謀福利，必須選擇有才能的人來擔當其任。如果選用非人，那就是自己的罪過；而選用的人是否得宜，就應當聽聽人民的意見。他考驗舜，便是為了這個目的。可是，沒有一個人不疼愛自己子女的，堯也不例外。將天下大權授給舜的時候，堯也有過內心掙扎，他想道：

「自己的兒子丹朱沒有政治才能，如果政權傳給他，只有他一個人獲利，全國的人都要受苦；如果把政權授給舜，全國的人都可獲利，充其量只有丹朱一個人不高興。總不能讓全國的人受苦，僅讓丹朱一個人蒙獲其利吧！為全國人民利益著想，理當讓舜來治理國家！」

三年之喪結束後，舜讓堯的兒子丹朱即帝位，自己避居於黃河南邊。可是，諸侯都不

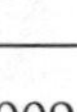

到丹朱那裡去朝見，卻去朝見舜。人民有訴訟，也都到舜那兒請求裁決，而不理丹朱。讚揚舜的歌曲無數，卻沒有一首讚揚丹朱。

「唉，這大概是天意吧！」

舜只好返回帝都即帝位。

治水

舜即帝位後，召集四嶽問道：

「堯有意要恢復這個受洪水蹂躪的國家，想不到目的還沒達到，就中途去世了。我也想完成堯未竟之業，你們認為誰最適合擔任這件工作？」

「禹這個人如何？想必可以完成堯未竟之業。」

「嗯，不錯，他一定能完成這件工作。」舜說完話，立刻把禹叫來，命令道：

「禹啊，我任命你為司空（行政首長）。希望你能以民為重，盡力治理洪水，使國家恢復舊觀。」

禹聽了立刻稽首再拜，道：

「這麼重大的工程實在不是我能力做得來的。還有比我更適當的人選吧！」

「別多說啦，你就挑起這副重擔吧！」

禹的父親就是以前受命去治洪水，九年無功，被舜帝流放、處死的鯀。禹腦筋明敏，做事認真，言行中規中矩，好像用尺稱衡量過一樣。而且為人仁慈，言出必行，人們都非常讚揚他。

父親因為治水不力才被殺害，禹雖為此深感悲傷，但是繼承父業之後，他更絲毫不敢懈怠，努力以赴。在外治水十三年，經過家門也不敢進去休息；雖然知道第一個兒子已經出生，他也不敢放鬆回家探望，孩子都不認得他了。

在治水期間，他粗衣粗食，住簡陋的房子，以節省開支，好把節省下來的費用用來祭祀和建築排水溝。

在工程方面，行走陸地時用車，遇水就乘船，碰到泥濘地便使用橇（ㄑㄧㄠ qiāo）形的木板，上山就穿有釘子的鞋，就這樣巡行全國，開山闢路，造渠引水，使全國成為可居之地。

禹同時還給人民稻種，教他們播種在低溼的地方；又教人民獵取野獸的方法。如果一個地方食物不夠，就把別處多餘的糧食調運過來，使全國的糧食得以平均分配，不虞匱乏。

禹又巡行全國調查土地，以徵收適當的賦稅；還進一步調查全國山川的狀況。

在禹的努力之下，全國的大水都退了，任何邊遠的地區都可構居住人；河流暢達，沒有阻塞；湖澤建起堤岸，不致外溢；山上的樹林已砍掉，修築了道路，人們從各地都可以前往都城。農業發展，生產力提高，田地也依肥瘠分成等級，按等級徵稅。

舜帝對禹的成就大為稱讚，送他藍色的玉，獎勵他治水的成功，並藉此把禹的功勞告知天下。

在禹的輔佐下，舜的政治清明和諧，因而當時有人作歌道：

元首明哉！　　君王英明啊！
股肱（ㄍㄨㄥ gōng）良哉！　　大臣都好啊！
庶事康哉！　　萬事吉祥啊！

又有歌勸誡道：

元首叢脞（ㄘㄨㄛˇ cuǒ）哉！　　君王無能啊！
股肱惰哉！　　大臣懶惰啊！
萬事墮哉！　　萬事糟糕哪！

之後，舜推舉禹作帝位的繼承人。十七年後，舜帝去世。三年之喪結束後，禹跟舜避讓堯子丹朱一樣，也避讓舜子商均，住到遠離都城的地方去。可是，諸侯都去朝見禹，不肯去朝見商均，禹只好順從眾意，即帝位，建國號「夏」。

禹即位後，過了十年，死在東巡途中。

二、暴君與聖人

——〈殷本紀〉、〈周本紀〉、〈宋微子世家〉、〈齊太公世家〉、〈伯夷列傳〉、〈魯周公世家〉

禹建立夏朝後，子孫相繼為王，經過四百年，傳至夏桀即位為王。桀為人殘暴，殺害許多無辜，又喜歡妺喜。為討好妺喜，生活靡（ㄇㄧˊ mí）爛奢侈，以致國力逐漸衰落，人心不滿。這時候，出現了一個眾望所歸的人，名叫做湯。湯推翻不得人心的夏桀，建立了商朝。

可是，商（殷）朝過了六百年，出了一個紂王。紂王比桀更殘暴，使殷商走入了末路。推翻殷商，建立新朝的是周武王。

像桀和紂這種只為自己權勢和欲望著想，毫不考慮國民需要的國王，在中國歷史上一直都被稱為暴君，甚至還把他們當作暴君的代表。這跟前一章以國民的利益和需要為施政

理想中的周朝如何興起，而暴君又如何把國家導向滅亡之途。

儒家一直都以周初的政治來象徵中國的理想政治。這一章就根據《史記》來看看儒家標準的堯和舜，正好形成明顯的對比。

周的始祖是棄兒

周的始祖是后稷（ㄐㄧˋ jì），本名叫棄。后稷的本名為什麼叫棄呢？有這樣的一段故事。棄的母親出身名門，一天，他母親走到野外，看見巨人的足跡，心裡禁不住想踩上去。一踩上去，不知為什麼，肚子裡好像有東西在動。過了十二個月，果然生下一個孩子。她覺得這孩子是個不祥之物，把他丟在陋巷裡。可是，奇怪得很，牛馬從巷子經過的時候，都避開孩子，不敢踐踏。想把他丟在山林中，剛好山林裡有許多人，她只好把他帶走，拋在結了冰的小河上，飛鳥卻飛下來，用翅膀覆蓋著孩子。母親覺得奇怪，就把孩子帶回家撫養。因為剛出生時，有意把他拋棄，便給這孩子起了一個名字，叫做棄。

棄果然與眾不同，孩提時，就有巨人之志，所玩的遊戲也跟其他孩童不一樣，喜歡種麻和菽（ㄕㄨˊ shú），麻、菽也都長得很好。長大成人後，仍然喜歡農耕方面的事情，懂得什麼樣的地方適合種什麼樣的作物，人們也跟著他學習耕種的方法。棄的名聲一天比一天響亮，終於傳到都城。於是，求才若渴的舜帝起用棄，擔任農業方面的事務，指導老百姓耕種。全國生產力因而大為提高，農業的收穫量也增加不少。因此功勞，舜帝便把西方的部（ㄊㄞˊ tái，在今汾河附近的開喜縣）封給棄。因棄掌管農業方面的事務，所以把名字也改為后稷。

后稷有了周國之後，傳到十二代，就是古公亶（ㄉㄢˇ dǎn）父。古公有兩個兒子太伯和虞仲，後來又生了第三個兒子季歷。季歷娶妻生下昌。昌誕生時，紅麻雀嘴銜一片寫著紅字的樹葉飛來，停在昌出生時的房門上。葉上寫著治國的要訣，顯示昌有治國之能，也預示了周國光明的前途。古公非常高興地說道：

「到昌這一代，我國會越來越興旺吧？」

太伯和虞仲知道父親有意要把王位傳給昌，便商量說：

「父親有意要昌繼王位。要昌繼王位，就必須先把王位傳給三弟。我們留居國內，反而會使父親為難。」

太伯和虞仲這麼一想，就悄悄離開故鄉，逃到南方的蠻荒地帶，學該地的風俗，剪掉頭髮，像蠻夷的人一樣，在身上刺圖案。這樣王位就可以順理成章傳給季歷了。

古公去世後，果然像太伯、虞仲所期望的那樣，由季歷繼承王位，稱名公季。公季繼

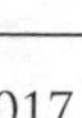

承父親遺志，繼續推行公正政治，諸侯都傾心向周。

過不久，公季去世，兒子昌繼位，是為西伯。西伯模仿始祖后稷、祖父古公、父親公季的施政方法，盡力推行良政，敬老慈幼，禮賢下士，常常為了招待賢士，無法好好吃一頓飯。但是也因為如此，西伯的名聲遠播，賢能之士紛紛聚集到西伯那裡。當時，孤竹國（在今遼西一帶）的王子伯夷、叔齊兩兄弟，聽說西伯善待老人，也千里迢迢投奔到周國來。西伯四周賢能之士越聚越多。反觀當時統治中國的商朝，情形就大不相同了。

暴虐無道的君主

這時候，統治中國的是商朝的紂王。紂王天生能言善道，腦筋動得快，而且力大無窮，能空手鬥猛獸。紂王有這些天分，但他不能善用，反以此來傲人。他自覺聰明才智比別人好，臣子不管提多好的意見，都不肯聽；因為口才很好，對自己的任何錯失，他都能用語言加以搪塞粉飾。有權又有才，使他蔑視天下所有人，認為沒有人能超過自己，只有自己最可靠。

除了上述「自以為是」的性格之外，紂王還酷愛酒和女人。尤其迷戀當時最美麗的妲

（ㄉㄚˊ dá）己。妲己說什麼，他都聽從。依妲己之意，他叫人制作淫靡不莊重的樂曲，令人演奏。

而且，徵收重稅修建鹿臺存放寶物，倉庫也裝滿各地徵集來的糧食。王宮中養了許多稀奇的狗和馬，以及世上其他的珍奇物品。還擴大離宮別館，從全國各地收集珍禽異獸放置其中，率領著許多臣子和美女在這裡遊樂。離宮別館的池子放滿了酒，附近的樹上掛滿了肉，讓男女裸著身子，在肉林裡互相追逐。這種豪奢的宴會接連不斷，而且一旦舉行，非到天亮不止。

紂王的橫暴不只如此而已。當時紂王之下，國家最重要的職位是三公，由西伯、九侯和鄂侯擔任。九侯有一個美麗的女兒，給紂做妃子。但是九侯的女兒不喜歡淫靡的生活，不肯聽紂王的話，紂王大怒，把她殺了，還罪及九侯，把九侯殺了醃起來。鄂侯為這件事與紂王力爭，紂王非常不高興，也把鄂侯殺了做肉乾。西伯聽到後暗自嘆息，嫉妒西伯的人就把西伯嘆息的事告訴紂王，並且說道：

「西伯故意行善積德，收買人心，現在諸侯都心向西伯，恐怕會有對您不利的事發生。」

紂王聽了就把西伯關在羑（ㄧㄡˇ yǒu）里。

紂王生活奢侈，濫殺大臣，老百姓自然因賦稅沉重而有怨言，諸侯也有叛離的。紂王不僅沒有因老百姓怨懟（ㄉㄨㄟˋ duì）、諸侯叛離而自我反省、自我檢點，反而深深刺傷了他自以為是的自尊心，因此就更加重刑罰，發明了殘酷的「炮烙（ㄆㄠˊ ㄌㄠˋ páo lào）之法」。所謂「炮烙之法」就是塗油在銅柱上，然後把銅柱放在炭火上，讓有罪的人從銅柱上走過去。如果能夠平安渡過銅柱，就可赦免，但是大部分的人走到中途，腳下一滑，就掉到炭火裡燒死了。紂王常跟妲己一起喝酒，觀看這種惡作劇的刑罰。犯人從銅柱上掉進炭火裡，妲己看了還發笑呢！

紂王實在太胡作亂為，他的血肉至親也看不過去，異母兄微子屢次勸告他，他都不肯聽。待西伯推行良好政治，勢力日漸龐大，諸侯也歸心向周，紂王的臣子看到這種情形，對紂王說：

「如果國王暴虐，老百姓不能安居樂業，國家就要滅亡啊。」

「我天生就受天命做國王，周怎能奈何得了我。」紂王根本不聽人勸告。

微子見此情形，知道紂王不會再聽人勸告，想極諫而死，又想逃亡離去，卻始終下不了決心，便問叔叔箕子和比干：

「我國現在已經喪失威信，無法統治諸侯了。先祖湯千辛萬苦建立起來的基業，因紂沉緬酒色，不施良政，已經快被敗壞。做官在位的人彼此互相爭奪，犯法為惡，恬不知恥；一般老百姓也都模仿官吏的作為，互相仇視。殷朝已經毫無法令制度，想渡河，卻沒有船可乘，眼看著就要滅亡了。我想離開國都，逃到別的地方去，以維繫我家的血統，但

我拿不定主意，不知該怎麼辦才好？」

箕子回答說：

「上天已經降災禍給我們國家，要亡殷國了。紂不怕天，不以天命為重；又不肯聽賢人的意見，實施良好的政治；老百姓嘛，人人爭強好勝，不好好祭祀神祇（ㄑㄧˊ qí）。如果國家能治得好，縱使為國捨命，也不懊悔。如果為國而死，國家還是治不好，倒不如逃亡避難算了。」

可是，微子仍然遲疑不決。

箕子也跟微子一樣，對殷的前途非常擔心。看到紂王開始使用象牙筷子，箕子就嘆息說：

「他現在已經開始用象牙筷，接著就會用玉杯。用玉杯後，便想擁有遠方珍奇怪異的東西。從此，轎輿、坐騎和宮殿會越來越堂皇華麗，國庫將來會被這些東西耗盡，國家也將因此走向衰亡之途。」

紂王果真如箕子所預想的那樣，越來越奢侈，箕子屢次勸諫都不肯聽。於是有人勸箕子說：

「可以離開國都了。」

箕子回道：

「做臣子的有義務向君王勸諫。勸諫不聽就逃亡，適足以揭露君王的罪惡，而向老百姓示好，我不能這樣做。」

箕子不忍棄紂王而逃，又哀傷國家將從此衰亡，內心徬徨沒有著落，便披散著頭髮，偽裝瘋狂，墮身為奴，鼓琴自悲，可見他身心的痛苦。

比干見箕子勸諫紂王不聽，墮身為奴，就感慨地說：

「君王有錯失，不勸諫至死，怎能做老百姓的楷模！」

於是，比干毫不客氣地直接指出了紂王的過失。紂王聽了非常生氣：

「你是聖人嗎？聽說聖人的心臟有七個竅，我要確定一下是不是如此？」

比干立刻被殺害了，心臟也被挖出來。

微子見紂王這樣對付至親血肉，終於下定了決心。

「父親和兒子是骨肉之親，父親有錯失，兒子應該勸告三次，三次都不聽，只好哭泣著聽從父親的意思。君主和臣子是用義結合起來的，君主有錯，臣子勸諫三次，三次都不聽，君臣的關係便算結束了，義也終止了，可以離開君主而去。」

說完話，微子便離開了都城。

另一方面，西伯被囚禁在羑里之後，周國的臣子都很擔心，也知道紂王的癖好，立刻

尋求漂亮的女人、紅鬃毛有斑紋而眼如黃金的馬，再加上三十六匹普通的馬以及其他珍奇物品，獻給紂王。紂王接到獻禮後，非常高興地說道：

「只要有這位漂亮的女人，就足以釋放西伯了，何況還有這麼多東西！」

紂王不僅釋放了西伯，還送給他弓箭斧鉞（ㄩㄝˋ yuè），讓他掌握軍事大權，可以任意征伐其他國家。同時還向西伯說：

「對不起，我聽信了別人的讒言，才囚禁你。」

西伯一聽，乘機獻上土地，請求紂王廢除炮烙之刑，紂王答應了他的請求，諸侯更傾心西伯，有什麼疑難，都來請西伯解決。

當時，虞國和芮（ㄖㄨㄟˋ ruì）國發生糾紛，一直不能解決，兩國君主商量說：

「西伯為人仁慈，一定可以替我們解決問題，我們何不去問問他？」

這兩個君主商量後，啟程赴周。進入周國，看到農人互相謙讓，不為土地發生爭執；在習俗方面也都能敬老尊賢。兩國君主見此情景，都非常慚愧，說道：

「我們所爭的，周人都引以為恥；我們何必去呢，不是自取其辱嗎？」

兩人未見西伯就回去，彼此謙讓，糾紛也就解決了。這消息傳開後，諸侯都說：

「西伯才真是承受天命的君主！」

西伯在諸侯間聲望越來越高，也利用紂王賜給他任意征討的權柄，逐漸擴展領土，消

滅鄰近國家。還積極準備一切方案，以期推翻紂王。在這期間，在軍事與謀略方面，貢獻最大、扮演最重要角色的是太公望。

在西伯被囚羑里之前，一天，西伯正要出去狩獵，先卜卦觀看今天的獵獲情形，卦上說：

「今天出去狩獵，所得的不是龍、不是彲（ㄔ chī，似龍無角的動物）、不是虎，也不是羆（ㄆㄧˊ pí），是可以輔佐霸王的人才。」

西伯啟程狩獵，到渭水邊，果然碰到一個老人在釣魚。兩人交談之下，西伯大喜說道：

「我的祖父太公曾經說：『會有一個聖人到周來，使周邁上興盛之途。』這個人就是你吧？太公等你來已經等得很久了。」

說完話，西伯就替這個釣魚老人取了一個號，叫做「太公望」，表示他是祖父太公期望已久的人物。其實這個釣魚老人的本名叫做「呂尚」。西伯興沖沖地請太公望坐上馬車回去，立刻任命太公望為軍師。

太公望果然不負太公的期待、西伯的賞識。他足智多謀，善於用兵。西伯自羑里平安回來後，與太公望籌謀推翻商朝。同時也積極擴張勢力，不久周已擁有天下三分之二的土地。

可是，西伯還沒有完成滅紂的使命就去世了，由太子發繼位。太子發就是周武王。西伯死後諡（ㄕˋ shì）為「文王」。

紂王之死

武王即位後，任命太公望為軍師，弟弟周公旦為輔佐人，召公和畢公為左右司令，致力於完成文王未竟之業。

武王即位後第九年，到父親的墓地去祭祀父親，然後進軍到盟（孟）津（河南孟縣西南），藉以觀察支持自己的諸侯究竟有多少。軍隊前行時，總部用車載著文王的靈牌，武王自稱太子發，表示自己這次行動是奉文王遺志去討伐紂王，並不是自己專斷獨行。出發時，武王召集群臣命令道：

「各位，我雖然還幼小，但先父留給我許多賢能之士，要我完成他的遺業，所以這次行動全以功過來定賞罰，有功的賞，有過的必加處罰！」

軍隊出發時，太公望指揮眾軍，下令道：

「給你們船隻，努力向前，落後的一律處斬！」

武王的軍隊橫渡黃河，到河流中途時，有條白色的魚跳入武王船上。武王捉起來祭獻給神。渡過黃河，突然有一火球從空中落下來，快落到武王船頂上的時候，猛然變幻成為烏鴉，全身赤紅，發出優雅的鳴聲。古代中國，每個朝代都有它特定的顏色，稱之為「正色」。殷的正色是白，周的正色是紅。武王捉取白魚祭神，表示武王可以滅商。紅色象徵周，烏鴉是孝鳥，所以紅色的烏鴉表示武王一定可以完成父親的遺志，消滅殷商。

武王軍隊到達盟津時，諸侯未經通知自動來會的共有八百人。

「現在可以出兵伐紂了。」諸侯異口同聲說。

武王的本意只是要查看支持自己的諸侯有多少，並不是真的現在就要去伐紂，便說：

「你們不知道天命，天命還沒有棄絕殷，現在就去伐紂，為時太早啦！」

事實上，武王的意思是說現在時機尚未成熟。何以時機尚未成熟？因為他還沒有完全激起大家戰鬥的意志。

武王從盟津班師回周後，紂王的生活越來越糜爛，人民的生活越來越困苦，他殺了比干，囚禁了箕子，從此紂王面前沒有人再敢說真話。甚至連負責祭祀商朝祖先的官吏，也帶著祭器和樂器逃到武王這裡來。商朝祭器被帶走，象徵祭祖的儀式已中斷，商朝滅亡已在眼前。

於是武王通告諸侯說：

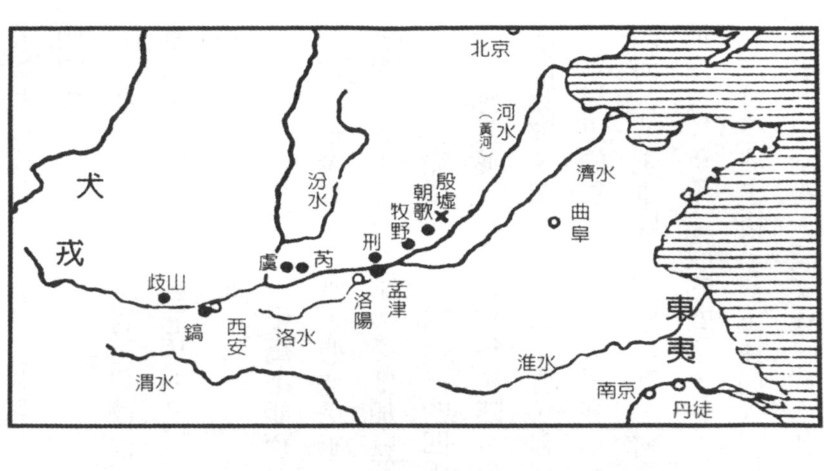

「紂王的罪孽太重了，連祭祖的禮器都保不住，再也不能坐視不理。」

武王照樣奉文王的靈牌，率領戰車三百乘、勇士三千人、士兵四萬五千人，從周起兵東行。到盟津時，諸侯已經全部到齊，同聲說：

「努力消滅商紂，不可荒怠！」

武王看見群情激昂，便作誓文，通告全軍說：

「殷王紂聽信妲己的話，違背天命，破壞政治制度，連骨肉至親都疏遠不用。不僅如此，還進一步毀棄祖先相傳的音樂，叫人制作淫靡之聲，以取悅妲己。現在我奉天命去處罰他。奮勇前進吧！莫再遲疑，勝負在此一舉！」

第二年二月，武王軍隊已逼近商朝的都城，到了南郊的牧野。面臨最後大決戰的時候，武王再度激勵全軍將士道：

「將士們，我們已從遙遠的西方來到了殷都。

我周國的長官和各級將領，還有從不同國家來會合的將士們！拿起你們的矛，舉起你們的盾！

我要在此宣誓：紂王只聽信妲己，不肯祭祀祖先，又漠視諸侯。骨肉兄弟不肯用，卻重用從各國逃來窮凶惡極的人，以致使老百姓受苦，使國家陷於危殆。現在，我奉上天的命令，要好好懲罰他。

今天這場戰鬥，千萬不能疏忽，要好好維持秩序；追擊敵人，不能擾亂隊伍！奮勇戰鬥吧，這場牧野之戰，要像虎狼一樣勇敢！逃走的敵人不要殺，活捉回去當奴隸吧！奮勇戰鬥吧，不聽我的話，必嚴加處罰！」

宣誓完畢，全軍以諸侯的四千乘戰車為先鋒，在牧野布下陣勢。

紂王獲悉武王在牧野布陣，也發兵七十萬出戰。武王先命令太公望選出一百個人，組成敢死隊，突擊紂王的軍營，自己率領大軍攻打紂軍。

紂王的軍隊雖然人數眾多，但是都沒有戰鬥意志，甚至還暗中期待武王軍隊攻過來。因而，武王軍隊一發動攻擊，紂軍紛紛倒戈叛紂。紂王見情勢不妙，掉頭奔回都城，登上抽取人民重稅建成的鹿臺，穿著縫有珠玉的衣服，引火自焚而死。

紂王逃走後，武王揮動大白旗，通告諸侯獲勝的消息。諸侯都向武王祝賀，武王亦以王者之禮回答，諸侯遂奉武王為天子。接著武王率領諸侯趨赴商朝的都城，老百姓早已走

到城外，等待武王。武王派遣使臣通告商朝的百姓說：

「上天會降福給你們！」

走入都城，武王到了紂王自殺的地方，看到紂王穿著玉衣未被燒焦的屍體，竟然拔箭向紂王連射三次，再拿起用黃金作裝飾的斧鉞砍下紂王的頭，把它懸掛在大白旗上。接著，武王威風凜凜來到妲己那兒，妲己已自殺身亡，武王也射她三箭，用劍砍了幾下，再割下她的頭，掛在小白旗上。武王便取代紂王為天子。

武王雖被後世奉為聖人、英主，但他對付紂王的方式實在有點過分，商湯推翻夏桀，充其量也只把夏桀放逐，不像武王那樣連死去的人都加以斬首。

反戰者之歌

周武王是在諸侯的支持之下，起兵伐紂，因而武王伐紂之舉一般都稱為「弔民伐罪」，也就是說，這是正義之師。但是，在古代，這可以說是國際戰爭，兩大強權周和殷在同盟國的支持下展開了一場爭霸戰。勝者為霸，敗者則亡，但在戰爭中最倒楣的往往是老百姓。所以在殷、周的戰爭中，也有人提出了反戰的意見。這就是孤竹國的王子伯夷和叔

齊。前面說過，伯夷和叔齊聽說西伯對老人非常禮遇，便想去投奔西伯。而他們離開祖國，投奔異邦，實在有不得已的苦衷。

原來，伯夷和叔齊是孤竹國國王的老大和老么。他們的父親很想讓叔齊作王位繼承人，可是父親去世後，叔齊讓哥哥繼承王位，伯夷說：

「這是爸爸的命令，要你繼承王位。」

伯夷說完話，就乘機逃走。叔齊聽說哥哥已經逃走，也放棄繼承權逃走，因為他認為王位應該由嫡（ㄉㄧˊ dí）長子的哥哥繼承，不能由自己擔任。孤竹國的臣民不得已，只好立伯夷的弟弟，叔齊的二哥為王。

伯夷和叔齊逃走後，聽說西伯（周文王）禮遇老人，便去投奔他。但是，抵達周的時候，西伯已經去世，武王正奉著文王的靈牌，出發要去攻打商紂。伯夷和叔齊便跑到武王馬前，勸諫道：

「你的父親剛剛去世，還沒有埋葬，就拿起武器去打仗，能說是孝嗎？紂是天子，你是臣子，以臣子殺天子，能說是仁嗎？」

伯夷叔齊的這番話，可以說是罵武王不仁、不孝，用意是在阻止戰爭。他們這樣直截了當的說法，當然非常不中聽，武王的部下很生氣，想把他們殺掉，太公望阻止道：

「不可以殺他們，他們是義人啊！」

於是，部下把伯夷叔齊扶走。武王繼續走上伐紂之途。

武王滅紂，被諸侯奉為天子之後，伯夷、叔齊覺得武王這種爭霸稱王的利己行為很可恥，不屑吃周統治下生產的糧食，隱居首陽山，採蕨菜吃，藉以維持生命。

到伯夷、叔齊無法再靠蕨菜維繫生命，餓得快要死的時候，他們作了一首歌來表達他們的心跡：

登彼西山兮！　登上那西山啊！
采其薇矣。　採山上的薇菜來吃。
以暴易暴兮，　以殘暴的手段來取代殘暴的君王啊，
不知其非矣！　還不知道自己錯了！
神農、虞、夏忽焉沒兮，　古代聖王神農、虞舜、夏禹怎麼那麼快就逝去了啊！
我安適歸矣？　我們要歸向何處呢？
于嗟徂（ㄘㄨˊ cú）兮！　唉呀！要走就走吧！
命之衰矣！　是我們命運不好啊！

伯夷和叔齊這兩位堅持自己原則的反戰者，終於餓死在首陽山上。

周偃武興治

周武王滅紂後第二天，下令打掃道路，修建祭殷祖先的社和商紂的宮殿，然後啟程到殷社祭祀。

祭祀典禮非常隆重。由一百個士兵舉著旗子先行，後面跟著儀車。武王在群臣護衛下走進殷社，獻上犧牲，由史官讀祝文：

「殷紂汙損祖先的德政，輕視神祇，老百姓深受其苦。紂的種種惡跡，上天已知道得清清楚楚，所以命令你，廢除殷的惡政，承受天命，統治中國。」

武王鞠躬領受天命。儀式結束，武王也就真正成了統治中國的天子。

武王成為天子之後，立刻下令釋放被紂王囚禁的無罪之人，取出藏在鹿臺的財寶和倉庫的糧食，發放給窮人。然後封有功之臣為諸侯，如伐紂之戰貢獻最大的太公望就封在現在的山東省，叫做齊，這就是春秋時代齊國的始祖。武王處理了亡殷的善後，就班師回周的都城鎬（ㄏㄠˋ hào）京（今西安市）。

回到周都以後，一天晚上，武王突然睡不著覺，弟弟周公旦剛好到來，見武王若有所

思，便問道：

「哥哥，你睡不著覺，是有什麼心事嗎？」

「你聽我說，上天在我還未出生以前就不再護衛殷了，到現在已經有六十年。在這六十年期間，麋鹿奔馳於原野，飛蟲布滿田園，天災人禍層出不窮，人民流離失所，我周國因此才能代殷而有天下。上天把天下賜給殷的時候，殷也有賢臣三百六十人，卻不能重用，又不受禮遇，讓他們閒置一旁，難怪殷要滅亡了。我未必會一直受到天佑，這樣叫我怎麼睡得著呢？」武王接著又說：「為了真正獲得上天的保佑，必須在上天賜予的地方建立都城，毫不寬待地揭發惡人，處以跟紂王一樣的刑罰，然後致力於安定西方的鎬京，推行良好的政治。這樣我才能安心睡覺啊！」

於是，武王在現在的洛陽建立了一個都城，叫雒（ㄌㄨㄛˋ luò）邑。雒邑又名成周。

雒邑築成後，武王又回到鎬京，把軍馬趕到華山的南邊放養，把牛放到桃林去吃草，收取武器，解散軍隊，讓士兵們回鄉團聚，表示從此不再興軍作戰了。

過後不久，武王生病，一直治不好，而天下又還沒有安定，群臣憂心忡忡，太公望和召公想卜卦以確定武王的病體是不是能復原，周公說：

「現在先不要卜，以免先父憂慮！」

於是，周公叫人設三個祭壇，身戴璧圭（ㄍㄨㄟ guī），告祭太王、王季和文王，然後由史

官念祝辭：

「太王、王季和文王啊，您們的子孫發（武王名字），是我的哥哥，因勤於政事而積勞成疾，如果您們在天上無法呵（ㄏㄜ hē）護發，就請用我代替他吧。我多才多藝，很會侍候鬼神。哥哥不如我有才，也不會侍奉鬼神，何況他正承受天命，統治中國，使人民能夠安居樂業，人民也敬服他。因此，他不僅沒有違反上天給他的意旨，您們也因為他而有永遠安身的地方。我現在就用元龜卜卦，徵詢您們的意思。如果您們答應我的要求，由我代替他到您們那裡，我就帶著璧和圭，等待您們的命令。如果您們不答應我，哥哥的病不能好，我就只好把璧和圭藏起來，不再奉祀神祇了。」

周公拜完後，命令史官向太王、王季、文王卜卦，所得回答都是「吉」。周公非常高興，打開箱子跟以前卜卦後記述結果的書籍對照觀看，果然是「吉」。於是周公到武王的房間，說道：

「哥哥，你的病馬上就會痊癒。我得到三王的指示，可以替代你，你可以永久統治周了。」

周公把這次卜卦的經過和結果，寫起來藏在箱子裡，要看管的人不能洩露一點信息。

第二天，武王的病果然就好了。

周公輔成王

武王在推翻殷政後兩年，得病而亡。

成王幼沖繼位，而國內政治又尚未穩定，周公深怕諸侯聽說武王去世，會起兵叛變，便不避嫌疑，代成王執行政務。武王的弟弟如管叔、蔡叔等，在國內散布謠言說：

「周公正利用成王，奪取王位，對成王非常不利。」

周公聽到謠傳後，告訴太公望和召公說：

「我不避嫌疑，代替成王執行政務，並不是有意於王位，而是怕諸侯藉成王年幼，起兵叛變。周完全是靠太王、王季和文王長年經營，勤勉為政，才有今日的成就。現在，不幸武王早逝，成王又年幼，周的基礎實在還沒有穩固。為了穩固周的政局，我不能不這樣作。」

太公望和召公並沒有懷疑周公的用意，也不反對周公的作法。周公代替成王執政。

周公本來被封在魯國（在現在的山東），因為忙於中央政治，無法到封國就職，便叫兒子伯禽代替自己到魯國去，伯禽臨行前，周公告誡說：

「我是文王的兒子、武王的弟弟、成王的叔父，從身分上來說，可算相當高貴的了。可是，我一點也不敢輕慢讀書人，深怕因此失去了天下賢能之士。你到魯國以後，絕對不能以一國之主瞧不起別人。這點千萬要注意。」

周公從此留在中央，推行政務，不敢有一點疏忽。

可是，造謠中傷周公的管叔和蔡叔，聯合殷朝後代的武庚，率領東方的淮夷，起兵叛變。周公立刻率軍東征，殺管叔和武庚，放逐蔡叔，並把他們原有的領地分成兩半，一半封給弟弟康叔，叫做衛；一半封給紂王的異母兄微子，叫做宋，讓他奉祀殷的祖先。又過兩年，淮夷的叛變也平定了。從此，天下諸侯完全服從周的統治。

在周公掌權期間，成王曾患重病，周公剪下自己的指甲，沉在黃河裡，向河神禱告說：

「王年紀幼小，還不懂事，如果有違反神意的事，那全是我的責任，所以罪不應該降在王的身上，應該由我來承擔。」

祈禱後，周公也跟以前為武王祈禱一樣，把這禱文收在盒子裡，不讓人看。不久，成王的病果然好了。

周公代成王執政七年後，成王已長大成人，能夠擔當政事，周公把行政權還給成王，以臣子之禮侍奉成王。以前，代行政務時，他以成王代理人的身分接見諸侯。現在則不

同，身分與諸侯完全一樣。

可是成王當政後，馬上有人毀謗周公窺覗王位，成王也頗有所疑。周公知道後，急忙逃到南方去。後來，成王打開書庫，看到周公在成王生病時向河神祈禱的文件，知道周公的為人，大為感動，立刻派人把周公請回來。

其後，周公在文王時候的都城豐邑（陝西西安市西），致力於政治改革，使人民得以在清明政治下過著安居樂業的生活。最後，因積勞成疾，臨死前，說道：

「我死後，希望能埋葬在都城，表示我永遠不敢離開成王。」

可是，周公死後，成王將周公葬在文王墓地的所在地畢（陝西咸陽市北），因為成王認為自己年紀不大，又無才德，怎敢把有大功於國家的周公看做自己的臣下，理當讓他陪伴祖父文王。

周公去世後，還未到秋收時節，突然發生一場大暴風雨，所有農作物都被颳倒在地，大樹也連根拔起，國人都非常恐懼。成王想看看所藏的舊紀錄中有沒有應付暴風雨的方策，便與臣子穿朝服，恭恭敬敬打開藏古文獻的盒子，發現其中載有周公自願代武王而死的事情，成王問史官及執事人員說：

「這是不是真的？」

「不錯，是真有其事，周公要我們不得把此事告訴別人，所以我們不敢說。」

成王聽了，手握文件，流淚說道：

「啊，災變原來是為周公而起的，既然知道事出於此，又何必去占卜呢！周公如此為國民而勤奮當政，我年紀幼小，竟然完全不知道。現在，上天為表彰周公的功德才發動這場災變，要我祭天以撫慰周公之靈。」

成王到郊外祭天，撫慰周公之靈。不久，天就下起雨來，風也改變了方向，農作物都被風吹扶起來，重新亭亭挺立。這一年又是大豐收。

三、吳越之戰

——〈伍子胥列傳〉、〈吳太伯世家〉、〈刺客列傳〉、〈越王句踐世家〉

周立國後，傳到厲王，國力逐漸衰退，北方異族——犬戎入侵時，已無力反擊。周平王只好從長安（鎬京）東遷到洛陽。周王無法確實控制諸侯，中國從此進入了諸侯爭霸的局面。這段時期，依孔子編纂的《春秋》而稱為「春秋時代」。有關春秋時代種種事蹟，請閱《中國歷代經典寶庫》系列叢書中孫鐵剛教授所撰的《左傳》，本書只取春秋末期「吳越之戰」加以敘述。

吳國和越國位於長江下游，到春秋末期才逐漸發展，開始逐鹿中原。但是，這兩個同在長江下游的國家，彼此相爭甚烈，仇恨也很深，由此展開了絢（ㄒㄩㄢˋ xuàn）爛的歷史繪卷。在這兩國之爭中，吳的伍子胥和越的范蠡（ㄌㄧˊ lí）都表現了相當鮮明的個性。伍子胥熱

情而執著，范蠡冷靜而善於判斷。本章即依據《史記》敘述這段有趣的歷史畫頁。

伍子胥離開楚國

春秋末期，楚國人伍員（子胥），父親名叫伍奢，還有一個名叫伍尚的哥哥。先祖伍舉曾出仕楚莊王，以敢直接指出莊王的錯失聞名於楚國。從此，伍家便成為楚國著名的家族。

伍子胥在楚國的時候，正是楚莊王五世孫平王當政的時期。平王的太子名叫建。子胥的父親伍奢是太子的老師——太傅，少傅則由費無忌擔任。可是，費無忌對太子並不忠心，一心只為自己的前途打算，想盡量討取平王的歡心。平王派他到秦國替太子迎親。費無忌到秦國，看到秦國的公主長得很美，便立刻策馬回國，向平王報告說：

「秦國的公主長得非常美麗，何不自己娶為妃子，然後再替太子另娶其他女人呢？」

平王聽了雖然有點躊躇（ㄔㄡˊ ㄔㄨˊ choú chú），但禁不住費無忌的遊說，終於把秦國公主娶過來，一看果然非常漂亮，心裡高興得很，從此不跟其他妻妾接近，只寵愛這個秦國公主。平王和秦國公主生下了一個兒子，名叫軫（ㄓㄣˇ zhěn）。費無忌也因此更得平王的寵信，

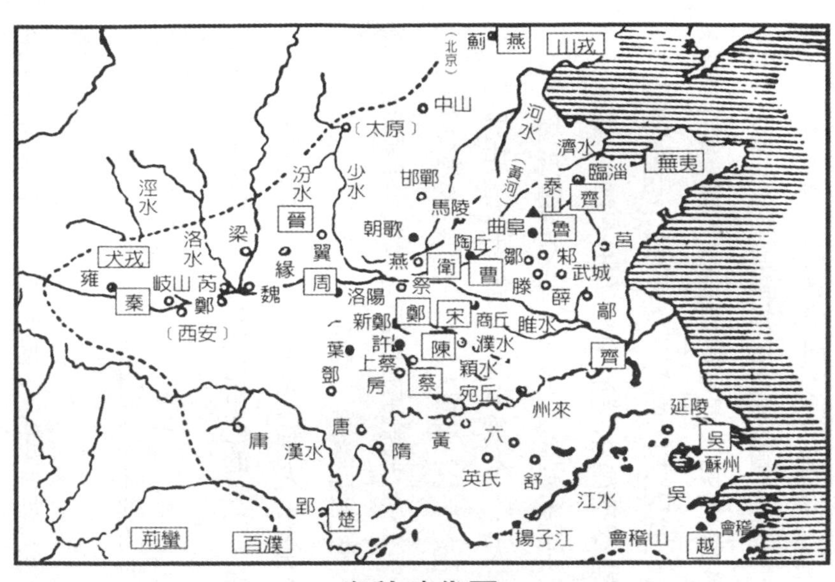

春秋時代圖

但是他跟太子的關係卻逐漸趨於冷淡。

一天，費無忌內心尋思：

「現在跟國王的關係雖然越來越親密，可是人總會死的，如果國王死了，太子建便順理成章繼任為國王。太子一旦繼位，一定會殺我，不趕快把他除掉，實在不能安心。」

費無忌越想越心虛，便利用自己得寵，盡力在平王面前毀謗太子建。平王聽久了，也開始懷疑，慢慢疏離了太子，讓他到城父（河南寶豐縣東）這個邊界地方，擔當守城之責。

費無忌還不肯放鬆，不停地在平王面前說太子的壞話：

「自從大王娶了秦國公主以後，太子不時抱怨，可能有不利大王的事情發生，大王不能不有所防備。太子到城父後，不僅有了軍隊，還常跟諸侯來往，想必不久就會興兵作亂。」

平王把太子太傅伍奢叫來，詳細問他情形。伍奢知道費無忌在平王面前說太子壞話，便義正辭嚴地說：

「大王為什麼不肯相信自己的骨肉，偏偏要相信別人的話呢？」

費無忌說：「如果不先發制人，太子一旦起兵侵入都城，大王的生命就危險了。」

平王一聽到生命危險，就激動起來，再也不去詳細調查，立刻生氣地把伍奢囚禁起來，並且命令城父司馬奮揚去殺太子。

奮揚雖然接下了命令，但不忍心殺害太子，便遣人走捷徑去告訴太子建：

「現在，大王正遣奮揚來殺太子，太子若不快逃就來不及了。」

奮揚抵達城父時，太子已逃到宋國去了。

費無忌趁平王派人去殺太子建的時候，想更進一步剷除異己，鞏固自己的勢力。

「太子的心腹伍奢，現在已被囚禁，但他有兩個兒子，都以聰明賢能聞名於世，如果不把他們殺掉，恐怕對楚不利。現在可以拿他們的父親做人質，把他們叫來殺掉。」

「說得不錯，就以伍奢為人質，按計而行。」

平王派遣使者到牢裡，見伍奢說：

「快把你的兩個兒子叫來，他們如果來了，饒你一命，要是不肯來，你只有死路一條。」

「老大阿尚為人忠厚孝順，我叫他來，他一定會來。老二阿員為人剛強，為了完成大事，他可以忍受一般人所不能忍的小節，而且他知道來了一定會被殺，無論如何也不會來。」

伍奢早已料到費無忌的陰謀，不肯把兒子叫來。

使者把伍奢的這一席話向平王報告後，平王內心更加不安，派人到伍尚和伍子胥那兒傳話說：

「你們立刻就來，來了就釋放你們的父親，不來馬上把他殺了。」

伍尚果然像他父親所說那樣，立刻想來見平王。伍子胥卻搖頭說道：

「國王召我們去，是怕我們逃脫之後，將來為害楚國，根本不可能因為我們去就釋放父親。他故意以父親為人質召我們去，我們去一定跟父親一起被殺，這樣對父親又有什麼好處？不如逃到外國，藉外國的兵力來替父親報仇。現在去跟父親一起被殺，真是最愚蠢不過了！」

伍尚卻回道：

「我知道去了並不能保全父親的性命。可是，國王既然說去了可以保全父親，如果為了自己而不去，以後又報不了仇，那不是讓天下人恥笑嗎？」

伍尚頓了一下，又說：

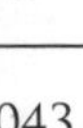

「這樣好啦，你逃到外國去，將來好替父親報仇，我嘛，我已經決心跟父親一起就死。」

於是，伍尚從容就縛。伍子胥逃走，使者趕來要逮捕他。伍子胥毫不客氣地引弓對著使者，怒目相視：

「你們再追過來，我可要不客氣囉！」

使者嚇得連連後退，不敢再接近，伍子胥趁機逃到了太子建所在的宋國。

伍奢聽說兒子伍子胥已經逃走，嘆息說道：

「阿員既已逃走，將來楚國君臣都要遭遇兵禍了。國王和費無忌都不會有好日子過了。」

伍尚到了都城，果然與父親伍奢一起被殺。

另一方面，伍子胥到了宋國之後不久，就遇到宋國內亂。伍子胥又與太子建一齊逃到鄭國，鄭國對他們相當禮遇，但鄭國畢竟是弱小國家，不願意與楚為敵，他們只好另訂計劃，決定奔晉。

太子建到晉，晉要他回鄭做內應，答應晉滅鄭後，把鄭封給太子建。太子建回到鄭國。不幸做內應的消息被鄭國知道了，太子建被殺，伍子胥帶著建的兒子匆忙逃亡，想逃奔長江下游的吳國。後面追兵追得很急，千辛萬苦才到了吳楚交界的昭關（安徽含山縣北）。昭關的衙役要逮捕子胥等，子胥用計騙過衙役，折回原路，往東步行，到長江邊，後面仍有追兵。他看到長江江面上有一艘小船，船上有個漁夫正划著槳。

「漁父！漁父！請把船划過來，載我過去。」子胥焦急地呼喚。

漁夫聞聲往子胥這邊張望，見子胥帶著一個孩子正張皇失措，後面的追兵越趕越近。

漁夫把船划過來：

「快上船！」

漁夫把船划到江上，追兵到了岸邊，高喊：

「喂，把船划回來。」

漁夫充耳不聞。渡過了長江，子胥解下身上所佩的寶劍：

「這把寶劍，價值抵得上百金，送您為禮，請您笑納！」

漁夫笑著說道：

「我知道你是伍子胥。楚國已頒下命令，逮捕伍子胥的人，可得米五萬石，並可得執圭的爵位（國家最高行政首長）。我助你難道是為了這把價值百金的寶劍嗎？」

漁夫無論如何不肯接受，伍子胥很感動地跟漁夫道別。

可是，伍子胥命運多舛（ㄔㄨㄢˇ chuǎn），還沒走到吳都，就病倒了，旅費也花光了，只好一路行乞，好不容易才到了吳都。

吳國王位之爭

伍子胥到吳做公子光的客卿時，正是吳王僚在位已五年的時候。關於吳王僚繼位為吳王這件事，在此要先說一說。

吳本來是周文王的伯父太伯（太王長子）所建的國家。從太伯到吳王壽夢共十九世。這時候，吳的領土已經確定，大致在現在江蘇省南半部和浙江省北半部一帶地區。

吳王壽夢有四個兒子，長子是諸樊，次子是餘祭，三子是餘昧（ㄇㄟˋ mèi），老么是季札。季札為人聰明，哥哥們也都疼愛他。壽夢想立季札為繼承人，季札認為這樣不合傳統的繼承法，不肯答應。壽夢不得已才立長子諸樊為繼承人。壽夢去世後，由諸樊繼立。諸樊因為父親的遺志，想讓位給季札，季札堅決不肯答應，甚至棄家到鄉間居住，耕種為生。

諸樊認為直接傳位給季札，季札一定不會接受，如果採取兄終弟及的王位繼承法，最後一定可以達成父親的遺志，傳位給季札。因而，諸樊臨死時，遺命把王位傳給大弟餘祭。餘祭死，傳位給三弟餘昧。餘昧去世想傳位給季札，季札不肯接受，逃亡而去。吳人說：「先王遺命，兄弟相繼為王。現在應該輪到季札，季札不肯答應，棄王位而逃。國內

不能一天沒有國王，應恢復以前的繼位方式，由王餘昧的兒子繼任為王。」

國人既然這麼說，餘昧死後，自然由兒子僚繼位為王。這時候，諸樊的兒子公子光非常不滿。他認為父親把王位傳給弟弟，不傳給兒子，目的是想把王位傳給叔叔季札，季札不肯繼位，就該傳給我公子光，不該傳給其他的人。因而公子光暗中結交了許多勇士和賢人，意圖刺殺王僚以自代。

公子光有異志，在軍功上也力求表現，一方面想藉此獲得吳人的歡迎，一方面也想乘機擴大勢力。因此，吳、楚發生邊界糾紛時，公子光受命率軍攻楚，占領了楚地鍾離（安徽鳳陽東北）和居巢（安徽巢縣東北），班師回國。伍子胥趁機謁見王僚，說：

「由這次邊界糾紛，可以知道楚的勢力已大不如前，可趁這次戰勝的餘威，繼續攻楚。楚必可輕易占領；請再度遣公子光伐楚。」

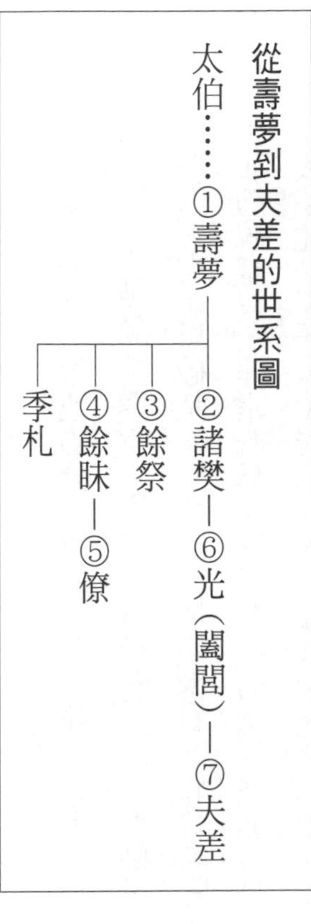

伍子胥的復仇意志雖然高燃，但他的分析並非沒有道理。公子光聽了卻反對：「伍子胥因為父親和哥哥被楚王殺害，對楚的仇恨非常深。他勸吳代楚，是為替自己報楚仇，並不是因為吳的國力足以破楚。以目前的情形來看，破楚的時機還沒有到。」

伍子胥知道公子光的說辭後，非常訝異。覺得自己的意見並非只是基於復仇意志，事實上楚國的國力確已大不如前，「公子光為什麼會這樣說呢？其中一定有道理」，伍子胥獨自尋思。再從眼前吳國王室的情形分析，終於豁（ㄏㄨㄛˋ huò）然了悟，公子光必有異志，而其成功的可能性似乎也相當大。於是，他把復仇的願望寄託在公子光身上。既然公子光是自己希望之所寄，唯一的辦法就是幫助他早日完成大事。

伍子胥下定決心後，專心尋找可以幫助公子光的人物，終於找到了勇士專諸，把他推薦給公子光，自己則離開都城，到鄉間從事農耕生活，以等待專諸舉事。

過了四年，伍子胥殺父之仇人楚平王去世。楚平王與秦國公主所生的兒子軫繼立為王，即是楚昭王。

吳王僚利用楚國王位交替之際，派遣自己的兩個弟弟蓋餘和燭庸率軍去攻打楚國，想不到吳軍卻遭到楚軍猛烈的反擊，還切斷了吳軍的歸路，蓋餘和燭庸身陷敵國，無法回吳。

公子光知道這消息後，把專諸叫來，說出了自己的心意：

「這個機會不可失去。你知道，吳的王位本來應該由我繼承，現在正是我奪回王位的時候。」

自伍子胥把自己推薦給公子光，而公子光又對自己優遇有加之後，專諸早已知道公子光的用意。

「對，現在正可刺殺王僚。王僚所倚靠的兩個弟弟困在楚國，而國內又無獨當一面的人，正是大好機會。只是……」專諸頓了一下。

「你直說好了，有什麼為難嗎？」公子光說。

「那倒沒什麼，只是在下還有老母在堂，兒子又年幼，敢煩多加照應。」

「沒問題，你的事就是我的事，你往後的事情，我一肩承擔。」

「謝謝，這樣我就無後顧之憂了。」

兩人商量發動政變的方式，終於把場所確定在公子光府中。

在四月某一天，公子光邀請王僚來參加宴會。公子光預先在地下室埋伏了武裝勇士，以備專諸事成後可以迅速出來壓制抵抗的王軍。

但是，王僚也絲毫不敢放鬆戒備。宴會當天，從王宮到公子光府邸的路上都布滿軍隊。從大門到入口的階梯，甚至到大廳的走廊，兩旁都排列著王僚的親信，拿著明晃晃兩刃的

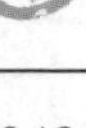

刀劍。王僚從刀劍林中直抵宴會席上。

宴會進行到酒酣耳熱的時候，公子光佯裝腳痛，請求王僚允許他暫時離席。離開後，公子光直接到了地下室。

這時候，專諸扮成侍者，端著一盤大魚恭恭敬敬走到王僚面前，把魚放在桌上，立刻伸手進魚肚，取出匕（ㄅㄧˇ bǐ）首，直刺王僚胸部，王僚立刻就被殺死了。

原來，專諸知道國王警衛森嚴，絕對沒辦法帶著武器接近國王，所以預先把匕首藏在菜餚的大魚肚子裡，再扮成侍者模樣把魚端出來。王僚千萬也沒想到魚腹中會藏著一把刀，而侍者竟然不是一般的侍者。只因這一點點疏忽，王僚的性命就不保了。

王僚被刺後，左右親信立刻拔劍刺殺了專諸。大廳亂成一片，公子光率領埋伏的武裝勇士攻擊王僚的部屬，全部加以消滅。公子光的政變終於大功告成。公子光自立為王，就是吳王闔閭（即闔廬）。

闔閭如先前的約定，封專諸的兒子為上卿。困在楚國的燭庸和蓋餘，聽說公子光刺殺王僚，自立為王，率領全軍降楚，楚也賜給他們領地。

伍子胥報仇雪恨

闔閭就位吳王後，立刻召見策劃政變有功的伍子胥，請他擔任外交方面的事務，並且常常跟他談論國事。這時候，伍子胥一定不斷向吳王陳述伐楚的事。

在這期間，楚國的伯嚭（ㄆㄧˇ pǐ）也因父親被殺逃到吳國，闔閭任伯嚭為大夫。

闔閭立後第三年，派伍子胥和伯嚭率領軍隊去攻打投降楚國的蓋餘和燭庸，殺了他們，更想進一步攻入楚都郢（ㄧㄥˇ yǐng）（湖北江陵縣東北）。但因吳國國力尚未強大，只好班師回國。

到了第九年，吳、楚間大規模的戰爭終於開始。吳國動員全國的軍力，向西前進，到了漢水邊。楚也發兵迎戰。兩軍隔著漢水布陣。

這時，闔閭的弟弟夫概要求領兵突襲楚軍，闔閭不答應。夫概說：

「大王已把軍隊配屬給我。軍隊最重要的就是作戰，何必再等待呢？」

說完話，夫概率領五千名軍隊突襲楚軍。楚軍無意間受到突襲，大為驚慌，終於潰敗。

闔閭見狀立刻下令追擊，不給楚軍有喘息的機會。經過五次戰鬥，吳軍終於進入了楚

都郢。

伍子胥等待這一天的來臨，已經等了十六年。如今終於如願以償。

吳軍進入楚都後，伍子胥立刻追查楚昭王的下落，想殺楚昭王替父兄報仇，因為殺父兄的仇敵楚平王已死，只好用平王的兒子來代替。但是楚昭王已逃得不見蹤跡。伍子胥只好挖掘楚平王的墳墓，把他的屍骸拉出來，鞭打三百下，才算雪了心頭大恨。楚平王死後還遭到鞭屍，慘雖然是慘，卻也是他聽信讒言，不能善用權力，濫殺無辜的報應。

這時候，伍子胥接見了他的老朋友申包胥派來的使者。原來，伍子胥從楚國逃亡時，曾遇見老友申包胥，他對申包胥忿忿地說：

「我以後一定要消滅楚。」

申包胥回道：

「如果你滅楚，我必使楚重新恢復不受損害！」

申包胥在吳軍進入楚都後逃入山裡，並且遣使來見伍子胥，傳言道：

「你的報仇，似乎太過分啦。我曾經說，人雖然可以狠暴勝天，但這是暫時性的，終究會受到上天的懲罰。你本來是楚平王的臣子，現在人死了，竟然還要鞭屍，豈非太漠視上天了？」

伍子胥聽了申包胥的傳言，便對使者說：

「煩你轉告申包胥說：天已黑，前途還遙不可及，所以我不顧一切，逆理疾行，這也應該可以說是合情合理的。」

總之，申包胥對伍子胥的行為非常不滿，而伍子胥則有自己的一番說辭。後來，司馬遷對伍子胥的行為有這樣的一段評述：

「怨毒對人的毒害實在太大了。做國王的都不能免於臣下的怨恨，何況是同事之間。如果伍子胥跟父親一起就死，其死與螻蟻有什麼不同！棄小義、雪大恥，留名於後世，不是很悲壯嗎！當伍子胥在江邊徘徊，在路上行乞的時候，他的內心曾經有一刻忘記楚都嗎？他忍受一切的侮辱，以達成自己的目標，非個性倔烈的大丈夫怎能如此！」

司馬遷的這一席話，不管是不是夫子自道，已充分地顯示了伍子胥剛烈的個性。

吳、越對立

吳王闔閭占領楚都郢後，仍留在楚，尋找楚昭王。這時候，在吳國南方的越，聽說吳王在楚，國內空虛，便乘機攻吳，吳王不得已派遣一部分軍隊回國抵抗越軍。申包胥也從秦國取得救兵，攻打在楚的吳軍。

闔閭的弟弟夫概見秦國和越國打敗了吳軍，便擅自回吳，興兵叛亂，自立為吳王。闔閭只好率軍回國，平定了夫概之亂。從此，吳的戰爭對象已經不是楚，而是南方的越。

據說，越是夏後裔無餘封在會稽（浙江紹興）一帶的國家。從中原各國看來，實在是道道地地的野蠻國家。但是在吳王闔閭時期，越國已逐漸壯大，開始出現在歷史舞臺上。

闔閭在楚時，從南方出兵攻打吳國的是越王允常。次年，允常病逝，子句踐繼立為越王。吳王闔閭想利用越王句踐新立，內部還沒有穩定的時候，出兵攻越，以報前一年越兵侵吳之仇。

句踐也率軍在檇（ㄗㄨㄟˋ zuì）李（浙江嘉興縣西南）迎擊吳軍。吳軍陣容嚴整，無懈可擊。要打敗吳，必須先使吳軍陣容混亂，然後乘虛攻擊。句踐終於想出一個妙法。他先編成三隊敢死隊，據說隊員都是死刑囚或報恩之士。第一隊走到吳軍陣前，對著吳軍大呼，吳軍吃驚回觀，敢死隊員一起舉刀自刎。第二隊、第三隊相繼以這種方式自刎而死。吳軍愣愣地望著敢死隊自殺。句踐趁這空隙，驅軍襲吳，吳軍大敗。吳王闔閭也中矢受傷。

闔閭回吳，病發將死，派使者立太子夫差為王，說：

「殺你父親的是句踐，千萬不能忘記。」

「怎敢忘記！必報此仇！」

夫差繼任為王後，任命伯嚭為太宰，積極訓練軍隊，以報越王殺父之仇為唯一目標。

聽說吳日夜訓練軍隊，欲報父仇之後，句踐想先發兵攻吳，以制敵機先。重臣范蠡勸諫說：

「不可以興兵攻吳。我聽說：武器是不吉祥的東西，戰鬥違背和平之意，爭執不合乎人性的根本。現在違反和平之意，拿起不吉祥的武器，投身於不合人性的爭鬥，一定不能得到上天的嘉許。如果硬要將之付諸實施，不會有好結果的。」

「我已經決定了，不要多說。」句踐不理范蠡的意見，決定出兵。

吳王夫差聽說越王句踐興兵攻吳，立刻動員全國精兵攻擊越軍。越軍大敗，句踐率領五千殘兵逃到會（ㄎㄨㄞˋ kuài）稽山。吳王夫差引兵追逐，包圍了會稽山。

句踐進退維谷，懊悔地向范蠡說：

「恨只恨我不聽你的勸告，才會遭遇到這種場面。你說，該怎麼辦好呢？」

「這必須要講究天、地、人的和諧。持滿而不溢，才能合乎天道；要重整行將崩潰的國運，必須謙虛努力獲取人民的支持，這樣才能合乎人道；要積蓄財富，豐富國庫，必須知道土地的性質，季節的變化，再增加生產力，才能合乎地利。為今之計，只有先與吳講和。請選取能言善道的人做使者赴吳，謙卑地向吳求和，贈以厚禮。如果吳王不答應，大王只好請求自願當吳王的臣僕了。不這樣做，吳王可能不會答應。」

「唉！只有這麼辦啦。」

句踐頷首稱是，立刻把大夫文種叫來，告訴他自己的決心，要他出使去見吳王。

文種領命赴吳軍求和，深深鞠躬說道：

「戰敗的國王句踐遣在下謁見大王，句踐願為大王臣僕，妻子願做婢妾，祈請大王允許句踐投降求和。」

吳王夫差聽說句踐自願為臣僕，內心非常高興，有意答應文種的求和。伍子胥對吳王說：

「這是上天把越送給吳啊，請別答應。」

吳王覺得伍子胥說得很有道理，便拒絕了越的求和。

文種回去後，把這消息告訴句踐。句踐氣憤地說道：

「既然不答應，我只有下定死戰的決心。殺妻子，燒掉寶器，然後率領軍隊跟吳決一死戰。即使明知會戰死，也非讓吳受重創不可。」

文種勸說：

「吳的太宰伯嚭為人貪婪，可以利誘。我願微行去見伯嚭。」

句踐聽了不禁嘆息道：

「想不到我竟到了這種地步，往後該怎麼辦呢？」

「歷史上，這種事情常有。殷代的湯王被夏桀囚禁在夏臺，周文王被商紂囚在羑里，

他們後來不是都成了天下的共主嗎？晉文公重耳逃到翟，齊桓公小白亡命於莒，後來他們不是都成了天下的霸主嗎？由此看來，大王現在雖身居窘境，怎知道將來不會由此而得福呢？最重要乃在於不屈不撓。」

於是，句踐在文種和范蠡的策劃下，讓文種悄悄帶著美女和寶器去賄賂伯嚭。伯嚭高興地接受了。同時讓文種謁見了吳王。文種對吳王說：

「祈望大王能寬赦句踐之罪，接納句踐奉獻的歷代寶器。如果大王不肯赦免，句踐可能自暴自棄，殺了妻子，燒掉歷代寶器，率領會稽山上的五千軍隊，衝入大王陣營，吳軍難免會有所損傷。因此，祈望大王能予寬赦。」

文種這席話不亢不卑，而且略帶威脅。伯嚭也從旁遊說道：

「越既然願意投降，做大王的臣屬，寬赦他，對國家比較有利。」

夫差聽伯嚭這麼說，再加上以一國之君為己臣僕的虛榮心，不覺心動，有意要赦免句踐。

伍子胥聽到這消息，立刻謁見吳王，說：

「現在不消滅越國，將來難免要後悔。句踐是賢能的君王，文種和范蠡是很有才能的良臣。放他們回國，以後可能對吳不利，興兵作亂就難以應付了。」

夫差不知是自傲，還是因為伍子胥的剛烈性格，對子胥的意見不大願意採納。以當時的情況來說，伍子胥的意見比伯嚭的顯然要對吳國有利。可是，夫差卻對伍子胥說：

「我已經決定了，赦免句踐！」

夫差接受句踐投降後，便撤除會稽之圍，領兵回吳。

伍子胥之死

句踐投降回國後，王者的生活享受一概去除，以質樸平凡為重，並且在自己的房間裡吊了一個苦膽，不管睡覺、起床或飲食都要嘗嘗那苦澀的膽汁。每次嘗膽都叮嚀自己一聲：

「不要忘記會稽的恥辱！」

苦膽對句踐來說就是會稽之恥的象徵，也意味著雪會稽之恥是今後生存的唯一目的。

為了達成此一目的，必須獲得全國國民由衷的支持，亦即要做到范蠡在會稽山上所說的「人道」。於是，句踐親自下田耕種，妻子也跟一般婦女一樣紡紗織布；三餐的菜餚沒有肉，穿衣也不用好布料，換言之，衣食都跟一般平民沒有不同；遇到賢能之士就謙虛請教；尊重自己的賓客臣屬，使他們沒有生活之虞；又熱心救濟窮人；真心哀悼死者。總

之，完全和老百姓生活在一起。

在這樣的努力下，句踐不僅獲得了臣子的信任，也贏得了全國百姓的支持。自會稽回來後，已匆匆過了七年。句踐自以為報仇的時機已到，想發兵攻吳。大夫逢同勸道：

「我們越國可說剛從幾乎滅亡的境地恢復元氣、重整國力，現在就像枯木剛發新芽一樣，不可急於用兵。何況一旦顯露自己的實力，展現自己的軍備，吳國必然害怕，吳國一害怕一定會對我們特別注意，那樣災難就會來臨了。猛禽要攻擊小鳥的時候，一定先把牠的姿態隱藏起來，這點值得我們學習。現在，吳正想用兵於齊、晉，而又結怨於楚、越，表面看來，好像聲勢浩大，其實只能助長吳王的驕橫之氣，為我們越國著想，最好的辦法是跟楚、晉交好，盡量厚贈吳王，使他更加驕傲。吳王目空一切，必然輕易用兵，最後一定會遭遇齊、晉、楚三國的攻擊。等到吳國筋疲力盡，我們就可一舉而成功。」

越王句踐聽了之後，大喜說道：

「有道理！有道理！」

從此，越王對吳更表示恭敬，時時不忘賄賂伯嚭。吳王夫差防越之心越來越鬆弛，伯嚭越來越相信越王，而句踐卻積極整軍備武。

又過了兩年，吳王夫差果然想興兵攻打齊國，伍子胥勸告說：

「請別向齊國用兵。我聽說句踐平居生活非常樸素，又能與老百姓同甘共苦，已獲得

全國上下的支持。句踐不死，實是我國心腹大患，而齊國對吳只不過是表皮上的癬疥之癢而已。希望大王先對付越國。」

夫差根本不聽，起兵伐齊，大勝。回國後，興沖沖地對伍子胥說：

「你看，我不是勝利回來了嗎？」

伍子胥回道：

「大王請不要為這次勝利就高興。」

夫差聽了大怒。

「唉，吳國不可救了！」

伍子胥心灰意冷，意圖自殺，夫差下令不許。伍子胥只好苟延殘喘。

不久，吳又欲伐齊。句踐聽說後，遵從臣下的建議，率領部屬到吳朝貢，贈送許多禮物給吳王，也同樣送東西給太宰伯嚭。夫差接到禮物，非常高興，伍子胥卻非常恐懼，對夫差說：

「這是越國收買我們的策略，他們別有用心。實在說，越國才是我國的心腹大患。在齊國贏得勝利，對我國沒有什麼用處，就像奪得石田不能耕種一樣。還是先請對付越國，否則以後後悔就來不及了。」

夫差還是不肯聽。而越國這一方面卻想試一試吳王對越的態度。文種說：

「我看吳王已經越來越驕橫。我想試試他們對我們的態度。我國近來歉收，可以用借貸糧食來試試吳王。」

句踐立刻答應，派文種到吳借糧。吳王想借，伍子胥勸諫說：

「不能借，借糧食給越，無異是幫助越。」

夫差根本不理，如數借糧給越。越國君臣私心竊喜。

伍子胥不禁嘆道：

「大王不聽勸告，看來三年之後，吳國就要變成廢墟了。」

伯嚭打聽到伍子胥這些話，便到夫差面前說子胥的壞話。

「伍子胥表面看來好像很忠厚，其實他是一個很能忍耐的人。他可以眼睜睜看著父親和哥哥被殺，怎會忠心耿耿對待大王？前幾年，大王要出兵攻打齊國，伍子胥堅決反對。我國此戰獲得大勝，伍子胥反而更加怨恨，若不預先防備，他必會造反。」

夫差雖然不喜歡伍子胥，卻也不相信他會造反，因而還是派他出使齊國。伍子胥對吳國的前途已經非常絕望，臨行前，對兒子說：

「我常常勸諫大王，大王都不能採納。我現在已經可以預料到吳國不久的將來，就會滅亡。在道義上，我不能不與吳共存亡，你卻不必如此。」

於是伍子胥帶著兒子一齊到齊國，把兒子託給鮑牧，自己打道回吳。

伯嚭知道這件事後，又添油加醋向吳王夫差報告：

「上次大王伐齊，子胥堅決反對。現在大王要起兵伐齊，他仍然極力反對。大王派他出使齊國，想不到他竟然把兒子託庇給齊國的鮑牧。在國內不得志，就想倚靠諸侯，這是他的根性。他自以為是先王的謀臣，大王應該重用他，不重用他，他就抱怨。現在大王要起兵伐齊，他不僅反對，還裝病不肯隨行，一定是想在大王離開都城後有所圖謀。請大王多多留意。」

夫差聽了伯嚭的讒言，大怒道：

「我對他早已懷疑，現在居然把兒子送到齊國，顯然對我有所圖謀。」

於是夫差遣使送屬鏤劍給伍子胥，說：

「你就用這把劍自殺吧！」

伍子胥接過劍仰天嘆道：

「唉！讒佞之臣伯嚭混亂國政，不知輕重。你反而要殺我！我讓你的父親稱霸諸侯，你還沒立為太子的時候，你父親不要立你，我以死力爭，你才得繼位為王。當初，你說只要得立為王，願把國土分一半給我，我不肯答應。想不到你現在竟然聽信讒言要殺我。唉！唉！我不在了，你一個人能有何作為！」

彷彿吳王夫差就在眼前一般，娓娓細述，話中包含無限的悽涼與落寞，隨即轉眼望著

使者，又恢復了他那剛烈的性格，激越地對使者說道：

「我死後，一定要在我的墳墓邊種梓樹，好用它來做棺材，收吳王的屍體；同時還要挖出我的眼睛掛在都城的東門上，好看越軍進城滅吳。」

說完話，伍子胥拿起吳王所給的劍，自刎而死。

夫差聽了伍子胥的遺言，不禁大怒，叫人把伍子胥的屍體裹在馬皮中，扔進長江。但是吳國人都很同情伍子胥，在江邊為他立祠，哀悼他。

吳國滅亡

子胥死後三年，復仇心熾烈的句踐已經等得不耐煩，把范蠡叫來，問道：

「吳已經殺了伍子胥，身邊盡是說奉承話的人，已經沒有人說真話了，現在可以出兵了吧？」

「還不到時候。」

第二年春天，吳王夫差領全國精兵到黃池（河南封丘縣南）與諸侯會盟。國內只留下老弱婦孺和太子。句踐又問范蠡可以不可以起兵攻吳。范蠡回道：

「可以了，時機已到。」

於是，越動員了五萬士兵伐吳，大敗吳軍，殺了吳國太子。吳立刻將句踐入侵報告夫差。夫差正在黃池跟諸侯會盟，怕諸侯知道，於吳不利，便祕而不宣。直到會盟結束後，才派使者贈送厚禮向越求和。

越知道在現階段無法一舉滅吳，便答應了吳王夫差的請和。

其後四年，吳國因連年對外用兵，國力已疲憊不堪，加上精銳部隊都戰死在齊國和晉國，越又再度起兵伐吳，大敗吳軍，逼近吳都。包圍吳都三年，越軍才攻陷吳都。夫差逃到姑蘇山，句踐又包圍姑蘇山。夫差派公孫雄為使者，赴越軍請和。

公孫雄袒著身子，膝行到句踐面前，說道：

「待罪之臣夫差，膽敢把心中的話全部向大王說出。以前，曾在會稽得罪大王，臣夫差不敢違背天命，而與大王講和回國。現在大王親率軍隊要殺我，我本當遵命就戮，但我相信大王會以仁心像在會稽那樣赦免我的罪過。」

公孫雄亦如文種在會稽一樣，說得不亢不卑，並且盡力提起會稽赦免句踐之事，來打動句踐。句踐果然心動，想要寬赦夫差。冷靜的范蠡立刻從另一個方向提起句踐受辱以後的種種慘狀，說道：

「在會稽，上天有意把越送給吳，吳卻不接受。現在，上天把吳送給越，怎可違反天

意？試想，君王每天早起晚睡，致力於政事，謀求軍事力量的強大，目的不是為了今日嗎？刻苦圖志，已經二十二年，怎麼可以為了一時的仁慈而捨棄？如果上天賜給我們這個機會，我們不接受，反會蒙其害。吳在會稽接受我們的請求，才會遭遇到今天這個局面，請不要忘記會稽之辱。」

范蠡所言，一字一句皆為至理，分析條理井然，但是句踐也跟夫差在會稽一樣，在對方的哀求下，遲遲難以決定。句踐說：

「我很想聽從你的意見，但是使者說得這麼悲切，我心委實不忍！」

於是，范蠡不顧句踐的決定，擊鼓進軍，逼到吳使者身邊，說道：

「我王已讓我處理政事，你趕快走，不走，就處死！」

吳使者聽了大哭而走。

過後，句踐越想越覺得吳王可憐，另外派了使者到吳王那裡，對夫差說：

「我讓你搬到甬東（浙江定海縣舟山群島上的一個島嶼），給你百戶人口。」

吳王聽了十分羞愧感嘆說：

「我已經老了，不能再以臣僕出仕你，大王！」

臨死時，夫差說：

「我沒有面目見子胥！」

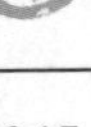

於是用布遮住臉孔，伏劍自殺而死。

句踐埋了吳王，把太宰伯嚭抓來，指著他說道：

「你為人臣子，不能忠於君王，還擅自接受外國的賄賂，雖然對我越國有功，卻也不能饒你！」

下令處死伯嚭。

不能同享安樂之人

越王句踐滅吳後，率軍渡淮河，跟齊、晉會盟於徐州（今山東滕縣南），並向周元王獻貢物。周元王封句踐為伯。這期間，越的勢力已逐漸擴展到長江、淮河東方一帶，諸侯也尊稱句踐為「霸王」。

在越軍活躍江、淮時期，范蠡已因歷年來的功勳被封為「上將軍」，但他的內心早已有退隱之意。回國後，他尋思道：

「盛名之下難以久安，不趕快隱退，一定有後患，何況句踐這個人只能同他共患難，難以跟他同享安樂，還是趕快離開吧！」

於是寫了一封信向句踐辭職：

「自古以來，君主憂患時，做臣子的必須盡力解除君主的憂患；君主受到侮辱時，做臣子的應該以死雪恥。以前，大王在會稽山上受辱，我所以不立刻為此而死，便是為了助君王雪此奇恥大辱。現在既已雪恥，我的目的已達成，請許我辭職而去。」

句踐接到了辭職信，立刻回信說道：

「你為什麼要離開我？我正要把國分成兩部分，由我們兩個人統治。趕快打消你的去意吧，否則只有殺你啦！」

「國家由大王一個人統治就很好了，如果要殺我，也只好隨大王的意思。我有我自己的想法！」

范蠡辭職後，帶著珠寶，與家人、僕從，離開越國，乘船到了齊國，改名換姓，自稱鴟（ㄔ chī）夷子皮。

范蠡到了齊國，立刻寫一封信給同事二十多年的文種，說：

「『飛鳥盡，良弓藏；狡兔死，走狗烹』，這實在是我們必須體認的至理名言，越王這人頸子很長，嘴脣突出似鳥嘴，顏色又黑，那種相貌是可以與人共患難，不能跟人共安樂的。你何不趕快離開！不然的話，災禍就要降臨到你身上了。」

文種接到信後，可能認為范蠡說得很有道理，但不知為什麼竟然不能像范蠡一樣下決

斷，離開句踐，卻採取了最笨拙的方法：裝病不上班！這時候，有人向句踐說：

「文種可能想要興兵作亂！」

於是，句踐送一把劍給文種：

「你以前告訴我說，伐吳的策略有七種，我只用了其中三種，就滅吳稱霸。其餘四種隱藏在你心裡，你就用這四種策略去出仕先王吧！」

所謂「出仕先王」，意思當然是要文種用句踐所送的劍自殺。

文種接到劍，聽了句踐的傳話，不禁長嘆：

「悔不聽范蠡的忠言，儘快離去！唉，想不到我的命運竟跟伍子胥一樣！」

他拔出自己用心輔佐了二十多年的君主所賜的劍，結束了自己的生命。

范蠡遷往齊國後，在海邊務農耕種，全家人同甘共苦，戮力從事生產事業，不到幾年，已積聚財富數十萬金，成為當地的大富豪。

范蠡（現在應稱鴟夷子皮）的才智與聲名，立刻傳遍齊國，齊國聘請他做宰相。過了幾年，范蠡嘆息說：

「在民間，能成為千金的富豪，做官能做到卿相這種最高的行政長官，以一個老百姓來說，實在已到了頂峰。如果長久享受榮華富貴，而不知自省，一定有災禍臨頭。」

范蠡把宰相的印鑑歸還齊王，把所有的財產分給朋友和鄉人，只帶著一些貴重的財寶，

跟家人悄悄離開齊國，走到陶（山東定陶縣）這個地方。

「陶位居天下的中心，做生意、互通有無的道路四通八達，在這裡營生，一定可以致富。」

范蠡在陶定居，再改名為陶朱公。同時要求家人努力耕種，豢養家畜，又從事商業。在商業交易方面，他能觀察貨物的流通狀況，貨賤買入，貨貴拋售，而只取其十分之一的利潤。就憑努力耕種與觀察貨的流通的慧眼，不久，范蠡又成了巨萬富豪。

知子莫若父

范蠡定居陶以後，第三個兒子才出生。到這個么兒長大成人後，次子在楚殺人，被逮捕囚禁。消息傳到范家，范蠡說：

「殺人被處死刑，乃理所當然。但是，我聽說富家之子不該死在刑場上，供人觀覽！我來想想辦法吧！」

他準備派遣么兒到楚去活動。他把許許多多的黃金裝在衣箱裡，放在牛車上。么兒正要啟程的時候，長子要求讓他代替么弟赴楚，范蠡不答應。長子說：

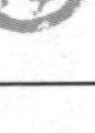

「長子一般都稱為家督，負有管家的責任。現在弟弟犯了罪，父親不派我去，卻派小弟去，是認為我不行吧？這樣我只有死路一條了。」

長子想要自殺，母親吃驚地對丈夫說道：

「現在派么兒去，未必能使老二活著回來。老大看不開，白白浪費一條命，那不是更划不來？」

范蠡不得已，只好派長子到楚國去。范蠡有個名叫莊生的朋友在楚國，他寫了一封信給莊生，並囑咐長子說：

「到楚國後，把這千兩金子送到莊生那裡，一切聽他處理，千萬不要違反他的意思。」

長子動身時，還私自帶了幾百兩金子。

到了楚國，長子聽從父親的囑咐，把信和千金送到莊生家。莊生住在城外，住屋四周雜草叢生，生活似乎也不充裕。莊生接了范蠡的信和金子之後，對范蠡長子說：

「信已看過，一切都知道了。你趕快回去，千萬別留在楚國。即使你弟弟被釋放出來，也別問他怎樣被放出來的。快回去，知道嗎？」

莊生雖住在陋巷，但因其清廉，深受楚王及楚國人敬重。他接下范蠡的金子，並不是有意據為己有，只是表示他願意為范蠡處理所託付的事情，成事後就把錢還回去。范蠡長子離去後，莊生對妻子說：

「這是朱公（范蠡）的錢，以後要還他，千萬不能動。」

可是，范蠡長子不懂得莊生的用意，再看到莊生居處如此簡陋，不由得懷疑：

「看來這老爺爺並沒有什麼特殊的地方，跟一般人沒有不同，怎可信靠？」

他這麼一懷疑，越發覺得莊生不可靠，於是他沒有遵照莊生的意思迅速回去，反而私自留了下來，運用私下帶來的金子，向楚國有權勢的人活動，想解救弟弟。

一天，莊生找到了機會，進城謁見楚王：

「最近觀星相，發現某星宿對我楚國實在不利。」

楚王向來相信莊生，緊張地問道：

「那該怎麼辦？」

「可以用德來解除這種災厄。」

「好，我知道了，先生請回，我必按尊意去做！」

於是楚王派人嚴密守衛放金、銀、銅等錢幣的府庫。

受范蠡長子賄賂的楚國大臣驚訝地告訴范蠡長子說：

「國王將要大赦罪犯？」

「怎麼知道？」

「昨天晚上，國王派人嚴守放金、銀、銅等錢幣的府庫。每次國王要大赦的時候，都

先行嚴守錢庫，怕消息外洩，人民知道可獲赦而去搶劫錢庫。所以知道國王要大赦。」

范蠡長子知道楚王大赦，那麼，弟弟一定會被釋放；心想：

「唉，白白把千兩金子送給莊老爺子，實在划不來。」

他越想越捨不得，便去見莊生。

「什麼，你還沒回去呀？」莊生驚問。

「還沒有。我本來是為救弟弟才來的，怎忍在弟弟還沒有釋放之前就回去？現在聽說國王要大赦，弟弟馬上就可以出來，所以來向先生告辭。」

莊生知道他是來要回金子，於是說道：

「金子放在房間裡，你自己去拿。」

范蠡長子毫不客氣，走進房間，拿了金子回去，心裡還高興得很。

莊生卻有被出賣、戲弄之感，心裡不由得惱火，又進城求見。

「先生，有什麼事？」楚王問。

「沒什麼事，只是有一件事，想向大王說說。」

「什麼事？」

「先前曾向大王提及，某星宿於楚不利。大王意欲修德避禍，這種仁心，實在敬佩之至。可是，今天外出時，在路上聽人說，陶的富人朱公的兒子因為殺人被關在牢裡，他的

家人帶了許多金錢來賄賂大王左右，所以大家都說，並不是因為大王能體恤人民才大赦，只是為了朱公的兒子才大赦。」

楚王聽了大怒；

「豈有此理！我再不行，也不會單為朱公的兒子實行大赦！」

隨即下令：

「朱公的兒子某某，犯殺人罪，即令處斬！」

范蠡次子處斬後第二天，楚王大赦天下。

范蠡長子只好領了弟弟的屍體回去。

到家時，母親及村人都非常哀痛，只有范蠡一個人悲悽地苦笑道：

「我老早就知道會有這種結果。老大並不是不愛他弟弟，事實上他非常愛他弟弟，所以才不忍心沒見到弟弟就回來。他從小跟我在一起，吃過許多苦頭，深知生活的艱難，所以對金銀財寶非常重視，不敢輕易捨棄。至於么兒，他出生時，我家已富有，日用起居都很奢侈，不知生活的艱辛，對金銀財寶不至於太珍視，送給人也不會有絲毫惋惜。我所以要派他去，就是因為他捨得下錢財。老大因為捨不得，才使他弟弟遭到被殺的命運。這種事理早已清清楚楚擺在眼前，不必悲傷了。我從老大啟程的時候，就一直在等著老二遺體歸來，早已絕望了。」

范蠡遷居三次，每次都能揚名天下。他不只知道什麼時候該遷居，而且搬到什麼地方，就在那地方成名。最後逝於陶，所以後世都稱他為陶朱公。

范蠡所以有此成就，因為他能冷靜觀察世態的變化，而後掌握住變化的契機，並且付諸實施，不過，最重要的還在他能拿得起、放得下，不為功名利祿所拘。

四、秦的興亡

——〈秦始皇本紀〉、〈呂不韋列傳〉、〈李斯列傳〉、〈河渠書〉、〈刺客列傳〉、〈白起王翦列傳〉

句踐稱霸中原時，春秋時代已進入尾聲，十五年後，亦即西元前四五三年，韓、魏、趙三家分晉，中國歷史進入了戰國時代。戰國時代為期長達兩百多年，到西元前二二一年，秦王政（秦始皇）統一中國，戰國時代才結束。在這漫長的戰國時期，《史記》記述了許多有趣的故事。這些故事也有許多記述在《戰國策》裡。因為《中國歷代經典寶庫》系列叢書中也包含《戰國策》，關於這段時期的事，本書只好割愛，請參閱鍾克昌先生所撰的《戰國策》。

本書在戰國部分只論及秦王政的統一中國，進而敘述秦統一中國後以迄滅亡的一些事蹟。現在即依據《史記》先說一說秦王政（秦始皇）出生的祕密。

秦始皇出生的祕密

戰國末年，秦昭王即位後四十年，太子去世。四十二年，立次子安國君為太子。安國君有二十多個兒子，這些兒子都是庶出的，也就是說安國君的正妻華陽夫人沒有生孩子。安國君有一個名叫子楚的兒子，子楚的母親叫夏姬。安國君不喜歡夏姬，而子楚在兄弟中排行又居中間，自不得安國君喜愛。不久，子楚就被送到趙國做人質。由於秦常常攻擊趙國，趙對子楚不十分禮遇，因而子楚在趙的生活相當窮困，又很少與人來往，十分寂寞。

這時候，在各國之間往來做生意的大商人呂不韋，正到趙都邯鄲（ㄏㄢˊ ㄉㄢ hán dān，河北邯鄲）來買賣東西，看到子楚衣著並不華貴，卻又有士兵護衛，覺得很奇怪，便問身旁的人：

「那人是誰？」

「那是來自秦國的人質子楚，因為在二十多個兄弟裡面排行居中，不被重視，所以穿得寒酸。」

呂不韋聽了不禁閃出一個念頭：

「這珍奇的貨品可以買下來，必有厚利！」

呂不韋立刻去求見子楚，見面後就說：

「我能夠使你的門變大。」

「使我的門變大，對你有什麼好處？還是你自己光大你自己的門楣吧！」子楚冷笑道。

「你不知道啊，你的門變大了，我的門自然也就變了。」呂不韋正經地說。

子楚心知呂不韋話中有話，便請他到內室，相對而談。遣走從人後，呂不韋說道：

「秦王年紀已大，安國君已立為太子。聽說安國君最寵愛華陽夫人，而華陽夫人又沒有兒子。秦王去世，安國君繼位。安國君要立誰為太子，華陽夫人必有相當大的影響力。可是，你有兄弟二十多人，又不是老大、老二，加上長年在外做人質，怎能跟長子及其他在安國君跟前的兄弟爭取太子的地位呢？」

「不錯，確實如此，那該怎麼辦呢？」

「你沒有錢財，又在此地做客，一定沒辦法送禮物給父親，並廣交有力人士。我呂不韋雖然沒有多少錢財，但願意拿出一千金幫助你，並且到秦國去，替你討取安國君和華陽夫人的歡心，立你為嫡子。」

子楚聽了作揖說道：

「那就一切麻煩你了。如果進行順利，我願把秦國分一半給你。」

於是，呂不韋送五百金給子楚，作為日常生活所需及結交有力人士的費用；再用五百金購買珍貴物品，帶著到秦國去。

呂不韋到秦國後，用了種種辦法，終於見到了華陽夫人的姊姊，並把帶來的全部珍奇物品獻給華陽夫人。然後對華陽夫人的姊姊說：

「我在趙國認識子楚，子楚為人賢明，趙國人都非常尊敬讚揚，同時還廣交諸侯和賢能之士，人際關係非常好。他常對我說：『我子楚心中早已奉夫人為母，早晚想念太子和夫人。』」

華陽夫人的姊姊聽了非常高興，便把這段話傳達給華陽夫人。華陽夫人欣喜不已。

呂不韋又透過華陽夫人的姊姊對華陽夫人說：

「我聽說，以姿色來討好人，姿色一旦喪失，寵愛也就慢慢消失。現在，夫人甚得太子安國君的寵愛，可惜沒有孩子，何不現在就在眾多的兒子當中選擇一個聰明孝順的人，過繼為自己的兒子，再立為太子呢？這樣安國君還在的時候不用說，縱使百年之後，所立的兒子繼位為王，也還不至於失勢。現在正是用一句話來維護長久利益的時候了。如果不在最得意的時候奠下基礎，一旦姿色衰退，寵愛消逝，再想憑一句話來維護自己的利益，就不可能了。子楚為人賢明，他知道自己在兄弟裡地位不高，親生母親又不得安國君的喜

歡，所以願意跟夫人接近，夫人現在立他為嗣，就可以終生安樂，不怕失勢。」

華陽夫人聽了這一席話，連連點頭：

「不錯，說得不錯。」

一天，華陽夫人找到了時機，從從容容對安國君說：

「在趙國做人質的子楚，聰明絕頂，跟他來往的人都非常稱讚。」

說到這兒，不禁眼含淚珠，泣聲說下去：

「我蒙你寵愛，實在非常幸福，可惜沒有兒子，但願能立子楚做我兒子，使我以後有所依靠。」

安國君在自己喜歡的女人哭訴下，不忍拂她的意思，安慰道：

「好，好，別哭了，就讓他過繼在你名下，我繼位後立他做太子。」

華陽夫人聞言才破涕為笑。安國君並且送玉符給夫人，做為立子楚為太子的證據。

安國君和華陽夫人既然有意立子楚為繼承人，當然怕他在趙國生活沒有著落，立刻送了許多錢財給子楚，並請呂不韋輔佐他。於是，子楚在諸侯間名望越來越高。

呂不韋完成使命，回到趙都邯鄲。在這之前，呂不韋曾娶了一個邯鄲城最漂亮、最會跳舞的女人為侍妾。《史記》沒有記載這侍妾的名字。根據其他書籍的記載說，這侍妾叫朱姬。呂不韋回趙都時，知道朱姬已懷了自己的孩子。

一天，呂不韋邀子楚到家裡喝酒，由朱姬做陪，跳舞娛客。子楚見了朱姬，立刻就被迷住。子楚站起來舉杯向呂不韋說：

「祝你健康！」

在當時，這是表示有所請託的意思。子楚隨即喝了杯中酒，說道：

「我想要這女人為妻，請讓給我好嗎？」

呂不韋一聽，不禁心頭火起，但轉念一想：

「我已經為這奇貨蕩盡了家產，本意是想藉此來釣取更大的利益，想不到現在竟然看上了我喜歡的朱姬，若不給他，千金家產不就白白浪費了嗎？」

呂不韋壓住怒氣，大大方方把朱姬獻給了子楚。

朱姬並沒有把懷孕的事告訴子楚，過了十二個月，生下一個兒子，取名為政，即其後的秦始皇。子楚立朱姬為正夫人。

秦昭王五十年，秦軍圍趙都邯鄲。趙王非常生氣，想殺子楚。子楚跟呂不韋相商，用巨款賄賂守關的人，好不容易才回到了暌違已久的家鄉——秦國。

過了六年，秦昭王去世，安國君繼位為王，立華陽夫人為王后，子楚為太子。安國君在位一年便去世，由子楚繼位為王，即是莊襄王。莊襄王即位後，奉親生母夏姬為夏太后，華陽夫人為華陽太后，並任命呂不韋為丞相，封文信侯，賜給他十萬戶的食邑地。

莊襄王在位三年就去世，由太子政繼位為王，就是以後的秦始皇，尊呂不韋為相國，稱呂不韋為「仲父」。當時，秦王政幼小，只有十三歲。呂不韋掌握了政治實權，邯鄲的投資終於得到了結果。不韋不僅有權也有財，府邸中還有家僮萬人。

當時，魏國信陵君、楚國春申君、趙國平原君、齊國孟嘗君，都能禮賢下士，擁有許多食客，並以食客人數的多寡相較量。呂不韋覺得秦國在當時最強，食客人數卻不如上述各人，深以為恥，因此也盡量招徠各方賢能之士，給予優厚待遇，門下食客遂有三千人。

呂不韋為相國，權勢相當大，但是到秦王政長大成人後，因太后（朱姬）意圖廢秦王政，事變牽連不韋。秦王政想殺呂不韋，但因他有功於先王，再加上呂不韋門下食客不斷地遊說，才沒有把事態擴大。

不久，秦王政罷免呂不韋相國的職位，讓他回到自己的食邑地。可是，不韋食客太多，秦王怕不韋跟食客聯合造反，便送一封信給不韋，說：

「你對秦國有什麼貢獻，竟然擁有了十萬戶的食邑地！你跟秦國有什麼親戚關係，竟然號稱仲父！你跟你家人搬到四川去吧！」

呂不韋知道秦王要削弱自己的勢力，然後加以殺害，為了避免滿門被誅殺，呂不韋只得飲毒自盡。

外國人亦可用

呂不韋去世後，秦王已經沒有任何阻礙，可以大膽放手去做，而且比其他各國先著手推行政治改革。這時候，幫助秦王推行政治改革，貢獻最大的是李斯。

李斯是楚國人，年輕時，曾在鄉里做掌管文書的小職員。

當時，他上廁所，常看見老鼠在吃糞便。只要有人和狗接近，老鼠總是驚慌失措。一天，李斯進入糧倉，看見老鼠在吃庫糧，老鼠一點也不害怕，因為老鼠在這大糧倉住了很久，平時不受人狗驚擾，根本不必對人狗提心吊膽，可以自由自在吃庫糧。

李斯看到這種情景，不禁嘆息道：

「唉，人的成功與否就跟老鼠一樣，完全要看所處的環境來決定。」

於是，李斯就跑去跟當時的大學者荀卿學政治學。學成後，李斯想：

「楚王實在是一個不值得跟從的人，而六國都國勢低落，沒有可以發揮自己所學之處。呵，只有秦國最強，可以到秦國去看看。」

李斯決定後，向老師荀卿告辭，說：

「現在正是動亂的時代，也是弱肉強食的時期，各國都爭聘才能之士。而秦王有意併吞天下，正是一般有才能的窮人出人頭地的好時機。人最大的恥辱，莫過於地位卑賤；最大的悲哀莫過於貧窮。長久處在卑賤的地位，貧窮的境遇，還嘲笑世上的富貴，討厭世人的榮華利祿，而自稱不願意去追求，事實上不是不願意，而是能力不夠啊！所以，我現在要到秦國去遊說秦王。」

李斯辭別老師，抵達秦國，正好碰上莊襄王新逝，只好去當秦相呂不韋的食客。呂不韋很欣賞他，把他推薦給秦王政當侍從。因此，李斯才有機會展現自己的辯才。他對秦王政說：

「現在諸侯都已向秦屈服，六國已跟秦國的郡縣沒有兩樣。以秦國的強盛，加上大王的賢明，要滅六國，就像掃爐灶上的灰一樣，輕而易舉。消滅六國，完成統一大業，現在就是最好的時機。如果錯過這個機會，諸侯慢慢坐大，彼此互相聯合，大王縱有黃帝的才能，也不能消滅他們。」

秦王聽了頻頻點頭，李斯繼續說下去：

「要滅六國，最具體的方法是派遣間諜潛入各國，去遊說諸侯的大臣。諸侯的大臣肯跟秦合作的就給予鉅額的錢財；不肯合作的就用利劍暗殺。這樣可以使六國的君臣互相懷疑，造成六國國內的混亂，大王再派遣良將隨後擊出，六國必可滅。」

秦王政聽了非常高興，立刻把李斯的計劃付諸實施。並且拔擢李斯，擔任客卿。

就在李斯擔任秦國重要職位的時候，秦國發生了一件間諜案。

原來，韓國為了避免秦國起兵東伐，便派水利工程師鄭國做間諜，詐稱逃亡，到了秦國，勸秦王開鑿（ㄗㄠˊ záo）溝渠，以利灌溉。其目的是想讓秦國投下大量資本興修水利，而無力東伐。可是，溝渠才建到一半，鄭國的間諜行為就被發覺。秦王想殺鄭國，鄭國說：

「我起先確是以間諜的身分到秦國來的，可是，溝渠建成後，對秦也有莫大利益啊！」

秦王說：

「不錯，你就繼續完成你的工作吧。」

溝渠完成後，灌溉的地區達四萬多頃，秦國更加富強。於是，把鄭國所修的溝渠命名為「鄭國渠」。

就在鄭國間諜案爆發之際，秦國大臣異口同聲對秦王說：

「從外國來的人，大都是替他們的國家到秦國來做間諜的，請把這些人全部驅逐出境。」

當然李斯也是被驅逐的對象，如果秦王頒發了逐客令，李斯出人頭地的目的就落空了。於是李斯上書秦王說：

「聽說目前有意要把從外國來的人都驅逐出境，這實在太過分了。秦能夠稱霸，完成帝業，完全是靠外國來投奔的人。這些人對秦有何不利？如果以前就把這些助秦稱霸的外

國人驅逐出境，又疏離賢能之士，秦國哪裡還會有今天的強盛？現在大王擁有珠玉，又醉心音樂。這些珠玉和音樂本來並非秦國所有，都是從外國來的，而大王不因為它們是外國的東西而捨棄，卻偏偏要驅逐外國來投靠的人，而且不論對錯，一律驅逐，難道大王重音樂珠寶，而漠視人才嗎？這樣怎能完成統一天下的大業！再說，泰山不嫌棄任何泥土，所以能夠累積而成高大的山嶺；黃河不拒絕細水的匯流，所以能夠成為大河；王者不拒絕任何人，所以能夠推行良好的政治。現在，大王卻捨棄人民，資助敵國，驅逐有能力的人去幫助諸侯，這樣天下賢能之士，誰還會到秦國來？這豈非『給敵人武器，助強盜糧食』嗎？秦要統一天下，完成帝業，怎麼有可能？」

秦王看了他這封情辭並茂的建議書，立刻收回了逐客之令，恢復了李斯的官職，並採納他的策略，最後終於完成統一天下的大業。李斯也升官，做了廷尉（約等於司法院長）。

荊軻刺秦王

秦王政在內有李斯的策劃，在外有良將東征蠶食六國，逐步走向統一之途。

秦最先滅了韓、趙兩國，正要向東、向南繼續完成統一大業的時候，卻發生了一件震

驚全國的謀殺未遂案。這就是荊軻行刺秦王事件。

荊軻先祖是齊國人，後來遷到衞，而成為衞國人。荊軻曾出仕衞王，衞不能用，便到燕國。

荊軻到燕國以後，跟殺狗的屠夫和善於擊筑（ㄓㄨˊ zhú，似琴，有十三絃，用竹尺敲擊）的高漸離結交。荊軻喜歡喝酒，常跟高漸離一起在街上酒店喝酒，到半醉時，高漸離擊筑，荊軻隨著樂音高歌，時而大笑，時而相擁而泣，目無旁人。他為人豪爽沉潛，很有學問。

荊軻到燕後，頗受燕國賢人田光先生的欣賞，認為他不是普通人。田光先生對他非常好。

不久，燕太子丹從秦國逃回燕國。原來，太子丹曾在趙國做人質，而秦王政也是父親在趙做人質時出生的。兩人在趙時，常在一起玩，非常友好。政繼位為王後，燕太子丹再到秦做人質，本以為秦王政會對他好，想不到卻絲毫不受禮遇。燕太子丹忿忿地逃回本國，意圖向秦王報仇。但是，秦國勢力強大，正蠶食諸侯，以燕國的弱小，自然無法以兵力抵擋秦國。因而燕太子丹想用計劫取秦王。

太子丹最先想請田光先生來完成自己的計劃。田光自知年紀已大，不堪此任，轉把荊軻介紹給太子丹。

太子丹接見荊軻，隨即說出了自己的計劃：

「現在秦國勢力強大，到處用兵，六國又不敢聯合一致抗秦。不久，秦軍必定侵入燕國，燕國弱小，絕對無法抵抗。為了燕國，我擬出了一個計劃，想聘用一位天下最勇敢的人，出使秦國，用利誘惑秦王，秦王為人貪婪（ㄌㄢˊ lán），一定可以如願。如果劫持了秦王，便迫他歸還諸侯的土地；如果無法劫持，就用利劍將他刺殺，秦國內部一定會因此造成混亂，六國就可乘機聯合，攻入秦國。這是我最大的願望，可惜找不到人，但願先生助我！」

荊軻沉默了一會兒，然後說道：

「這是國家大事，我這駑（ㄋㄨˊ nú）鈍的人恐怕挑不起這副重擔。」

太子丹作揖說：

「務請先生不要推辭，我知道，在燕國，除了先生之外，再也找不到一個有膽識的人來完成這項計劃。」

「太子既然如此看重在下，在下願意粉身碎骨試一試。」荊軻終於答應。

「謝謝！」太子丹感激地說。

於是，太子尊荊軻為上卿，讓他住在最好的房子。還每天到荊軻那裡看他，給他最好的食物，送他車馬、美女，盡力討好荊軻。

可是，荊軻一直沒有啟程的意思，而秦軍已攻下趙都，擄了趙王，進軍到燕國南方邊

界。太子丹非常害怕，對荊軻說：

「秦軍早晚就要渡過易水，我恐怕無法再長久招待先生啦！」

「我本來早就要啟程，只是找不到可獲秦王信任的方法，如果不能親近秦王，目的就無法達成。現在秦王正懸賞千金再加萬戶的封地，想獲得樊將軍的首級。如果有樊將軍的首級和燕督亢（在河北省）的地圖獻給秦王；秦王一定會很高興地召見我，這樣我也能對您有所還報了。」

樊將軍是指得罪秦王，從秦國逃到燕國，託庇於太子丹的秦將樊於期。燕太子丹聽到荊軻要用樊於期的首級來獲得秦王的信任，便說道：

「樊將軍在走投無路的時候，來投靠我，我怎忍心為了自己個人的利益傷害他呢？但願先生好好再想一想。」

荊軻知道太子丹不忍心殺樊於期，就悄悄去見樊於期，說道：

「秦對將軍實在太殘酷了，不僅殺害將軍的父母和族人，現在還用千金和萬戶封地購買將軍的首級，將軍有沒有什麼應付的辦法？」

樊於期聽了不禁仰天長嘆，悲傷地說道：

「我每次想到秦王這樣對待我，真是痛恨無比，卻又想不出什麼辦法來！」

「現在我有一個辦法，既可以解除燕國的禍患，又可以替將軍報仇，不知道將軍以為

如何呢？

「是什麼辦法？」樊於期趨前問道。

「希望能夠得到將軍的首級，獻給秦王。這樣，秦王一定會很高興地召見我。於是，我用左手拉他的袖子，用右手刺他的胸部，將軍的仇可以得報，燕國的災禍也可以避免，將軍意下以為如何？」

樊於期扼（ㄜˋè）腕趨前說：

「這正是我日夜咬牙切齒所企盼的，現在終於有辦法報仇了。」

樊於期說完話，立刻自刎而死。太子丹聽到消息，奔來伏屍痛哭。事情已發展到這種地步，只得用盒子裝了樊於期的首級。

這時候，太子丹已找到一把最利的匕首，還用毒藥煉過，刺人立死，同時還找到一個十三歲的勇士秦舞陽做副使，準備讓他一起跟荊軻赴秦國。秦舞陽年紀雖小，卻曾殺人，人們都不敢正面看他，是一個小太保。

但是，荊軻早已準備好，只在等待一個遠地來的人，想跟他一起去。這個人卻遲遲不來。太子丹等得不耐煩，以為荊軻改變了主意，再度問荊軻：

「日子已經不多了，秦軍可能馬上就會入侵。如果先生還有所懷疑，我想先派秦舞陽去……」

荊軻聽了心頭火起，對著太子丹怒吼：

「為什麼要派那小鬼？小孩子知道什麼，不加考慮，只知道一去不回就可以嗎？何況是要提著匕首進入難以測度的強秦？我所以遲遲不走是在等待一個朋友，跟他一道去，現在太子既然嫌遲，就此辭別太子啟程吧！」

荊軻啟程時，太子跟其他知道荊軻此行目的的人，都穿著白衣裳送荊軻，來到易水邊，祭路神祝荊軻一行路上平安後，至友高漸離擊筑，荊軻和筑高歌，筑音歌聲，悲切悽愴，荊軻一面往前走，一面唱道：

風蕭蕭兮易水寒

壯士一去兮不復還

歌聲頓然轉為慷慨激昂，荊軻坐上車，頭也不回地往前行去。

荊軻抵達秦國，用重金賄賂秦王寵臣蒙嘉，讓蒙嘉先向秦王報告說：

「燕王畏懼大王的威嚴，不敢舉兵反抗，自願以臣下出仕大王，特斬樊於期首級，並獻上燕督亢一帶的地圖，遣使送來，請大王定奪。」

秦王聽了非常高興，以正式儀節威嚴地召荊軻到咸陽宮。荊軻捧著樊於期首級的盒子，

秦舞陽拿著放地圖的小盒子，依序走進來。到階梯前，秦舞陽嚇得臉色都變了，而且渾身顫抖。秦王群臣覺得很奇怪。荊軻發覺了，回首望著秦舞陽笑，然後走到秦王面前，獻上樊於期首級，一面為秦舞陽致歉道：

「是北方蠻夷的鄉下人，不曾見過天子，才會這樣恐懼。懇請大王暫且寬恕，讓我們在大王面前完成使命。」

「好，把秦舞陽所帶來的地圖拿過來！」秦王對荊軻說。

「遵命！」荊軻把地圖拿過來，送上去。

秦王打開成卷的地圖，地圖展到最後，露出了匕首。荊軻趁這間隙，左手抓住秦王的袖子，右手拿起匕首，往秦王胸部猛刺。匕首還未刺到胸部，秦王已吃了一驚，引身站起來，撕裂了袖子，想拔出腰間的劍，劍太長，匆忙間拔不出來。

荊軻追逐著秦王，秦王繞著柱子奔逃，秦臣因事起突然，都嚇得不知所措。按秦國的法律，殿上的群臣都不准帶兵器，護衛雖然帶著兵器，卻站在殿下，非經呼喚不能上殿。

因為事情發生得太突然，加上秦王正在慌張中，忘了呼喚殿下的護衛，只好空手對付荊軻。

就在這時候，侍醫夏無且把所帶的藥囊朝荊軻扔過去。

趁這間隙，有人大喊：

「把劍背到背上！」

秦王把劍從腰間往背後一推，隨即從肩上拔劍，擊打荊軻，砍到荊軻左腿。荊軻倒下，順手把匕首朝秦王扔去，沒有擊中，鏘地一聲，匕首插在銅柱上。

秦王乘勢猛往荊軻身上砍去。荊軻中了八劍，自知事已不成，靠著柱子大笑：

「事情所以不成，是因為我本想活捉你，逼你訂下契約，好回報太子啊！」

於是，秦臣殺了荊軻。秦王氣悶了好久，遂下令王翦攻燕，十月後攻下燕都薊城（在北平西南）。

燕太子丹逃到遼東，最後終於被殺。過了五年（西元前二二二），秦滅了燕。

秦將的活躍

秦王政掌權後，積極對外用兵，先後征服六國。就在這軍事行動期間，發生了上述荊軻刺秦王事件。可是，在秦國的軍事行動過程中，荊軻刺秦王可以說只是一件相當悲壯的小插曲，對秦國的統一天下並沒有太大影響。在荊軻事件前後，秦的統一已逐漸完成。

秦王政十七（西元前二三〇）年滅韓、十九（前二二八）年滅趙、二十（前二二七）年發生荊軻事件、二十二（前二二五）年滅魏、二十四（前二二三）年滅楚、二十五（前二二二）年滅燕、二十六（前二二一）年滅齊，統一天下。

在這統一的過程中，率領強兵攻城掠地貢獻最大的是秦的將領。

在秦的將領中，王翦所扮演的角色相當重要。

王翦自幼就喜好兵法，長大成人後，出仕秦王政。

秦王政十一（西元前二三六）年，王翦開始率軍攻趙，得趙九個城邑；七年後，又率軍攻趙，終於滅趙。

第二年，因荊軻刺秦王，王翦受命攻燕，占領燕都薊城。燕太子丹棄燕都逃到遼東，年少的秦將李信窮追不捨，終於在遼東殺了燕太子丹。

秦王對李信的豪勇頗為欣賞，問他說：

「我想攻打楚國，如果派你率軍去攻打，你要多少兵力？」

「只要二十萬就夠了。」

秦王又向王翦提出同樣的問題。王翦回說：

「非六十萬不可。」

兩者相形之下，秦王不禁想道：

「王將軍畢竟老了，膽小心怯，李將軍年少氣壯，果敢豪邁。李將軍的話比較可靠。」

於是，秦王命令李信和蒙恬率軍攻打南方楚國。

王翦由於自己的意見不被接納，便稱病回去故鄉。

攻楚的秦軍分成兩路，一由李信率領；一由蒙恬率領，各占領了許多城池。李信率軍西行，欲與蒙恬軍會合。楚軍卻悄悄跟蹤李信軍隊，伺機猛攻。李信軍遭受伏擊，損失了七名軍官，大敗而逃。

聽到敗戰消息後，秦王大怒，想起了王翦。

秦王親自策馬到王翦的故鄉去見他，抱歉說道：

「我不聽將軍的意見，終於遭遇了李信大敗的局面。聽說楚軍正向我國逼近，將軍雖然生病，還懇請為我抵禦楚軍。」

「我年紀已老，又有病在身，糊塗得很，請大王另找其他將領吧。」

「就這樣決定了，請將軍不要再多說。」

「如果大王一定要用我，非給我六十萬大軍不可。」

「好，好，一切聽將軍的。」

王翦回到秦都，點起六十萬大軍，浩浩蕩蕩向南方前進。秦王親自送行，臨別時，王翦說：

「祈請大王賜我良田美宅！」

「將軍都要出征了，為什麼還怕貧窮呢？」

「做大王的將領，可真不簡單呵。即使有功，也無法封侯。現在大王正用得著我，我怎可不及時向大王要求良田美宅，讓子孫好好過個舒服日子？」

秦王聽了大笑。

王翦跟秦王辭別後，途中五次遣使向秦王要求良田。

於是有人對王翦說：

「將軍頻頻要求良田美宅，不是太過分了嗎？」

「一點也不過分。秦王粗暴不相信人。現在把全國軍隊都交給我，國內已經沒有兵，如果我不時時向他請求良田美宅作為子孫的產業，以此獲取他的信任，他一定會懷疑我要叛變。」

王翦代李信領兵攻楚。楚國聽說王翦率領六十萬大軍來攻，也動員全國的軍隊迎戰。

王翦到了前線，雖然楚軍屢次挑戰，總是堅守陣營，不肯應戰。王翦盡量讓士兵休息，給予好食物，並跟士兵同桌吃飯。

過了好一陣子，王翦派人到軍中巡視。回來後，王翦問：

「士兵都在玩什麼？」

「我去巡視時，士兵們不是在玩投石遊戲，就在進行跳遠比賽。」

王翦聽了頷首道：

「唔，他們的精力已無處發洩。不錯，不錯。」

這時候，楚軍因屢次挑戰，對方都相應不理，便撤軍東回。王翦立刻下令追擊，大敗楚軍，殺了楚將項燕。同時乘勝攻打楚國城池，一年後終於俘擄了楚王，占領了楚的全部領地。

大約在同一時候，王翦的兒子王賁（ㄅㄣ bēn）跟李信向北攻燕。滅燕後，回師攻齊，齊王投降。秦終於在秦王政二十六年統一了全中國。

一統天下

李斯在內主政，將軍在外征戰，秦完成了統一天下的帝業。

秦王命令丞相和御史說：

「由於祖先的庇護，我終於平定了六國，使天下得以一統。如果不改以前的『王』號，不能說是成功，不足以傳後世。這件事，你們要好好商量一下。」

丞相王綰（ㄨㄢˇ wǎn）、御史大夫馮劫和廷尉李斯等接到命令後，立刻聚商，得到了一個結論，便向秦王報告說：

「以前，黃帝、堯、舜等五帝所統治的地方只有一千里見方，千里外的諸侯或夷狄是否向五帝朝貢，五帝都不能控制。現在，陛下發動正義之師，滅六國，平定天下，統治範圍廣闊，而且都劃為郡縣，由陛下直接統治。這種成就自古以來沒有人趕得上，連五帝也望塵莫及。據稱，五帝以前有天皇、地皇和泰皇，而以泰皇最為崇高，所以今後可改『王』為『泰皇』，天子自稱時用『朕』，不知陛下以為如何？」

「不如去掉『泰』，只採『皇』字，再跟五帝的『帝』字合併，稱為『皇帝』。據說，太古時期，有帝號或王號，而沒有謚法；到中古時期，仍有『王號』，死後又加上了什麼謚法。這豈不是讓兒子利用謚號來批評父親？臣子用謚法來批評君主？怎麼可以！從今以後，廢除謚法，朕為始皇帝。朕後則為二世、三世，以傳於無窮。」

中國「皇帝」之名從此誕生。

一天，丞相王綰向始皇帝說：

「剛剛平定諸侯，統一天下，而燕、齊、楚距離都城很遠，如果不在這些地方立王統治，恐怕不容易完全控制，請陛下在這些地方立皇子為王。」

始皇帝聽了便把這意見交給群臣討論，大家都贊成，只有李斯反對，李斯說：

「周文王和周武王封周姓子弟為王，可是，這些子弟所封的國家後來都跟周室日漸疏遠，而且互相攻擊，簡直和仇敵沒有兩樣，周天子也沒有辦法加以阻止。現在陛下統一天下，設置郡縣，只要用國庫裡的賦稅重賞皇子和功臣就行，不必再變動，這樣反而可以使天下安定，再置諸侯實在不恰當。」

始皇帝同意李斯的意見，說：

「連年戰爭，人民受苦，主要是因為有諸侯的緣故。幸賴祖先的保佑，得以平定天下。天下剛穩定，又分封諸侯，將會再召來兵禍，這樣要使天下安寧，豈不是很困難？李斯說的有道理。」

於是，始皇帝不再分封諸侯，並與李斯等磋商統治中國的方法。終於決定把全中國分為三十六郡；郡之下設若干縣；縣之下再設鄉、亭、里等行政單位。每郡設守（行政首長）、尉（軍事首長）和監（監察官），而人民都稱為「黔（ㄑㄧㄢˊ qián）首」，郡的三個首長都由皇帝任命。縣的首長和鄉、里的官吏也經同樣的程序任命。皇帝擁有絕對的權力。這就是所謂的「郡縣制度」。

接著又把全國武器聚集到都城咸陽，全部熔化後製成十二尊金人（銅像），每尊重一千石（二十四萬斤），放在宮廷裡。以前，六國各有其度、量、衡，現在則歸劃為一，全中國有了統一的度量衡制度；以前，馬車的車輻、文字的寫法，各國都有所不同，現在也

都統一了。此外，為了防阻北方民族的入侵，又修築現在聞名世界的「萬里長城」。

始皇帝怕有人造反，又把全國十二萬戶的豪富之家遷到咸陽。

秦始皇的這些作為，一方面向全中國誇稱天下已由他統一，一方面也鑑於制度不同，不易統治。所以，他不顧各地不同的傳統與習慣，接連頒布了許多統一的新制度。

對始皇帝這種不尊重各地傳統與習慣的作風，自然會有人起而反對。其中一向尊重傳統與各地習俗的學者最為不滿，他們常伺機批評始皇帝的政策，例如身任博士之職的齊國人淳于越便當著始皇的面，說：

「殷周能夠稱王千餘年，是因為封子弟功臣為諸侯，來輔佐援護王室。現在，陛下統一全中國，而子弟都變成了一般人，這樣反而會使陛下孤立。凡事不學習古人古法，而能維持長久的，似乎不曾有過。希望陛下仔細想一想。」

始皇帝把這意見交給群臣討論。李斯說：

「現在，陛下已統一天下，各方安定，百姓都應兢兢業業，致力於農工事情；讀書人也該知道法令，不能有所冒犯，想不到現在的讀書人竟然只知學古人古法，而不知現代法令的威嚴，徒然擾亂老百姓的心智而已。甚且法令一頒布，他們就依據古人古法（傳統習慣）加以批判，不知隨時勢而變通，而且心懷不滿，一離開朝廷到外頭，就頻頻討論，最後還咒罵陛下，唱反調，來提高自己的聲望。如果不加禁止，陛下的權威一定會降落，他們也會私相結黨來批評陛下與法令。因而，祈請陛下立加禁止。史書中，和秦史無關的全部燒掉。除了博士掌管的《詩經》、《書經》和諸子百家的書籍以外，不許民間庋藏，民間所藏這類書籍一概由郡守、郡尉負責加以毀棄。如果有人還敢私自談論《詩》、《書》，批評政府，處斬；毀書令頒後三十天，不把書籍繳出燒毀者，處徒刑四年，充軍邊疆。只許醫藥、卜筮和農學方面的書籍保留下來，不毀。如果想學法令，可以從官吏學習。」

李斯的意見顯然是為維護政府的極權統治而來，所以他特別強調法令的權威性。他對當時讀書人泥古不知變通的批評有其對的一面。但是，他不用互相辯駁的方式來陳述自己的意見，卻想用暴力來壓制批評者的論點；批評者雖然保守，卻也形成一股力量，幾乎可以說已形成輿論，李斯不肯細心檢討批評勢力為什麼會這樣大，反而想用政府的強大力量來整肅異己，甚至還怪罪到批評者所依據的書籍，而主張採取焚書政策。總之，李斯只想憑藉著高壓政策來制止人民的批評，而不知細心檢討國家政策遭受批評的背後原因。

「粗暴不相信人」（王翦語）的秦始皇，聽了李斯的意見，自然非常受用，因為李斯的這些話目的在提高始皇自己的權力和權威，所以他立即回答說：

「好，就依李斯的意見去辦！」

於是，秦始皇下令沒收全國《詩》、《書》和諸子百家之書，又在咸陽坑殺了四百六十多個批評政府的讀書人，這就是歷史上所說的「焚書坑儒」。

此後，始皇帝的法令越來越嚴，動不動就把違反法令的人送到北方和南方的邊疆。

始皇帝的大兒子扶蘇看不過去，勸始皇說：

「天下剛剛穩定，遠方的民族還沒有完全心服。在這情況下，讀書人讀孔子的書，拘泥於孔子的教訓，實在也沒有什麼妨礙。陛下卻以重法限制他們，不許他們讀孔子的書，這樣恐怕會導致社會不安，祈請陛下斟酌。」

始皇聽了大怒：

「你批評我！你敢批評我？」

於是命令扶蘇遠赴北方的邊境，監督蒙恬防禦匈奴。國內肯說真話的已難見其人。

統一天下後第九年，始皇帝覺得咸陽人口太多，以前的宮殿太小，便想在渭水南岸新建大宮殿，先建前殿阿房宮，東西長五百步（約七百公尺），南北寬五十丈（約一百二十公尺），殿上可容納萬人，殿下可插五丈（約十二公尺）的旗子；宮殿四周有迴廊和通道。從殿下可直通南山，以南山頂做宮城的正門。從阿房宮建上下雙重走廊向北渡渭水可到咸陽。

同時，從始皇帝即位以後，就開始鑿酈（ㄌㄧˋ lì）山（西安市東），以營建自己的陵墓。陵墓中還建宮殿，排定百官的席次，放滿奇器珍寶，並且命令工匠作機器，安放弩矢，人一接近就會自動射出箭來，還以水銀做江河大海，用人魚膏作蠟燭，可以久久不滅。

為了營建阿房宮和酈山陵，始皇帝發動了七十萬人。這些工人都是因事觸犯法令，遭受腐刑，然後再分發到這裡來做工。如果《史記》記載沒錯，當時咸陽的罪犯竟有七十萬人之多，再加上流配到南方和北方戍邊的罪犯，其數就更多了。

始皇帝雖然擁有絕對的權力，但是，他仍有一件恐懼的事，那就是「死」。為了避免「死神」降臨，他必須與死神戰鬥，戰鬥之道就是求「長生不老」的靈藥。

始皇帝統一天下後不久，齊人徐市（徐福）上書始皇帝說：

「東方的海上有三座神山，叫蓬萊、方丈、瀛洲，山上住著仙人，請皇帝齋戒，讓我率領童男童女去求神仙賜我仙藥。」

始皇帝知道有此靈藥，非常高興，就派徐市領了幾千童男童女去求仙藥。之後，又相繼派燕人盧生去找古仙人羨門和高誓；派韓終、侯公、石生去求仙人不死之藥。

在這些求仙的人當中，盧生最先回報說：

「臣入海求仙，沒有找到仙人，卻發現了《錄圖書》，上面寫著：『亡秦者胡也。』」

始皇帝以為「亡秦的」是胡人，立刻派蒙恬率領三十萬人去攻打匈奴。

接著，盧生對始皇帝說：

「臣到海上去求仙藥，沒有得到。據說，要能長生不老，最好要能恬淡。要恬淡，必須讓臣子不知道陛下所住的地方，這樣仙藥才能求得。」

始皇果然如盧生所說，盡量把自己的住處隱密起來，凡是有人洩漏，一概處死。從此，始皇的居處沒有人能知道。

可是，始皇的極權統治，也使盧生這些求長生不老藥的人畏懼，紛紛逃去。

知道盧生等逃亡後，始皇大怒，認為為了求仙藥，已經花費了許多錢財，不僅沒有求得仙藥，還受這些人毀謗，非給予嚴懲不可。於是，下令追索批評政府的讀書人。

最後，始皇終於親自啟程去求仙藥，李斯隨侍，始皇帝幼子胡亥也請求隨行，獲得了許可。

一行人沿著海岸從南向北而行。途中遇到了徐市，徐市因求仙藥好幾年，始終沒有找到，而且花費不少，深恐始皇帝怪罪，便詐報說：

「蓬萊仙藥本來可以求得，只因受大鮫的阻撓，才沒辦法得到，請陛下派一個善射的人跟我一起去求藥，這樣看到大鮫先予射殺，仙藥就可得到了。」

這時候，剛好始皇也夢見與大鮫魚戰鬥，更相信徐市的話。

可是，仙藥還沒有找到，始皇已在平原津（山東平原縣）得病。因為始皇非常討厭「死」字，群臣都不敢說到死的事情。他的病越來越沉重。知道死期已近後，始皇寫一封

遺書給長子扶蘇，書中說：

「速回咸陽，主持我的葬禮！」

意思是要扶蘇回咸陽繼位為帝。

遺書封好後，交給宦官趙高，但趙高並未交給使者送到戍守北疆的扶蘇那裡。

始皇帝於西元前二一〇年七月，死於沙丘平臺（汀北平鄉縣附近），享年五十歲。

丞相李斯怕皇帝逝世於外，會引起始皇諸子及以前的諸侯叛變，遂祕不發喪。並且把裝皇帝遺體的棺材放在轀（ㄨㄣ wēn）涼車（可躺臥，四面有窗口的車子）中，每天照樣由宦官送進食物；百官上奏，則由宦官從轀涼車中傳達皇帝意旨。當時知道始皇已死的除李斯、趙高和胡亥之外，只有五六個皇帝信任的宦官。

一行人急急忙忙取道趕回咸陽。路上剛好碰到天氣酷熱，屍體從轀涼車中發出了臭味，於是假借皇帝的命令，叫隨行的車輛各載一石（約三十公斤）魚乾，想藉魚腥味來掩飾屍體的臭味。

回到咸陽，才發布始皇的死訊。

偽詔立胡亥

秦始皇去世後，繼位的不是長子扶蘇，而是幼子胡亥。陰謀進行此一計劃的是宦官趙高。趙高因曾教導胡亥讀書和法律方面的事情，跟胡亥很親近，也很喜歡胡亥。如果胡亥繼位為帝，自己就可掌握政權。因此，始皇遺詔由扶蘇繼位時，他把詔書扣下，並對胡亥說：

「皇上去世時，只給長子詔書，而沒有分封諸子的詔書。如果長子到了咸陽，繼位為帝，而你沒有一點領地，怎麼辦？」

「這是理所當然，父親要立大哥，做弟弟的只有服從。」

「錯了！現在天下大權完全由你、我和丞相李斯三個人來決定，不知道你有沒有意思？」

「那怎麼可以，廢兄立弟，不合道理；不遵守父親的遺命，是不孝。做出不合道理又不孝的事，天下會不服，會危害到國家。」

「你要知道，做皇帝和做臣子可完全不同，做皇帝的控制人，做臣子的被人控制。如果你不趕快下決心，一旦做了臣子，再後悔就來不及了。」

胡亥聽趙高這麼說，沉默了一會兒，回道：

「現在還沒回到咸陽，怎好對丞相說！」

「一切要迅速，絕不能遲疑，遲疑就會有後患！」

「既然如此，就一切麻煩你了。」

「不過，此事一定要跟丞相商量，否則不容易成功。我這就找李斯去！」

趙高見了李斯，說道：

「陛下給扶蘇的遺詔在我這裡，還沒送出去。現在要立誰為太子，全憑我們兩個人來決定。你認為應該怎麼辦才好？」

照理，遺詔應該立刻就發出去，而今趙高竟然來問自己要怎麼處理，他的用意不是很明顯嗎？李斯不由得嚇了一大跳：

「你說什麼！做臣子的怎能干預！」

「你認為你的功勳趕得上蒙恬嗎？你的智慧比得上蒙恬嗎？你與蒙恬誰比較能得天下人的好感？你與蒙恬誰比較能獲得扶蘇的信任？」

「這些我都不如蒙恬。你為什麼要用這些來責備我呢？」

「你最好仔細想想。皇帝有二十多個兒子，你都認識。扶蘇為人豪邁果斷，相信人，人也願意為他所用。他一旦即位，一定會用他親信的蒙恬做丞相，你只好罷官回鄉，甚至

還會遭誅殺呢！而胡亥為人仁慈、謙虛，能敬重賢能之士，最適於立為太子。」

「你最好別亂說，我李斯只有遵從皇上的命令，其他一切全聽憑天命！」

趙高仍不死心，繼續遊說李斯：

「你高居丞相之職，如果我們合作，絕對不會失敗。這樣你可以永遠保有你的地位，平平安安過日子，子孫也可以永久繁榮下去。要是不走這條路，丞相做不成，還可能遭遇誅殺，子孫也難保。還是聰明點吧！」

「唉，在這動亂的年頭，要怎樣才能不死呢？」李斯仰天長嘆，垂淚說道。

趙高得到李斯的同意，立刻撕去原有的遺詔，另寫假的詔書派使者送給扶蘇，詔書上說：

「立胡亥為太子。扶蘇在外十多年，沒有一點功勞，又常毀謗朕未先立為太子，日夜怨望，為人不忠、不孝，送你一把劍，盡快自刎而死！」

扶蘇接獲詔書，展開一讀，立刻哭起來，走進內室自殺而死。

於是，胡亥回咸陽後，繼位為二世皇帝，年二十一歲。趙高就任郎中令（侍衛長），得二世信任，掌握實權。

一天，二世悄悄把趙高叫來，跟他商量道：

「我剛即位，大臣不服從。官吏也指揮不動，認為我幼小，都瞧不起我。哥哥們都窺

伺帝位，意圖跟我爭奪，你說該怎麼辦？」

「其實，臣老早就想說，只是不敢說而已。先帝的大臣都是累代有功的人員。而我出身低賤，承蒙陛下拔擢（ㄓㄨㄛˊ zhuó），居高位，掌管宮中的事情。大臣們心裡都不高興，只是表面唯唯諾諾而已。現在，陛下剛即位，非徹底壓制不滿陛下的人不可。否則無法樹立陛下的權威。」

二世聽從趙高的意見，遂羅織罪名，接連殺了好幾位大臣以及自己的兄長。這樣一來，人們都畏懼萬分，高官顯要為了保持自己的地位都靜默不言；老百姓也人人心寒膽顫，不知道什麼時候會有橫禍飛來。

二世即位後幾個月，說道：

「先帝因為咸陽宮廷太小，才營建阿房宮。阿房宮還沒完成，先帝已去世。酈山陵墓已完成，阿房宮卻未繼續興建，這無異是說先帝的所作所為有所不當。」

於是，二世又徵集數萬民伕，繼續營建阿房宮。

為了防禦邊境上的外族，他仍然承繼始皇的政策，徵調五萬人屯駐咸陽，教授騎馬射擊之術。人員與軍馬眾多，糧食不足，便下令各郡縣輸送糧食到咸陽，擔任輸送的人員必須自備糧食。而且咸陽三百里內的人民都不許食用自耕的糧食，必須一概輸送到咸陽。法令也越來越苛。

這時候，負責到都城戍守的陳勝首先在楚地造反，自稱「楚王」。山東各郡縣也因反對秦的嚴刑峻法，殺郡守、郡尉、縣令起來造反，響應陳勝。反秦的軍隊合流，向西攻秦。

當時，到東方去視察的秦吏回來後，向二世報告說：

「現在，東方反對勢力強大，已向都城進軍，請陛下定奪。」

「胡說，你想以亂事來蠱惑老百姓！來人啊！把他拉下去，關起來！」

接著又有一個使者來到，二世問：

「有人說，東方造反勢力強大，正向都城開來，是不是真的？」

使者回答：

「沒有人敢造反，只是一些強盜在擾亂治安，幸賴得陛下恩威，這些強盜已全部被郡守、郡尉逮捕，不足為憂。」

二世聽了非常高興。

事實上，東方趙、魏、齊的後裔均已自立為王，劉邦在沛縣舉兵，項梁在會稽郡興兵反秦，天下已大亂。

秦的滅亡

反秦的亂事逐漸擴大，二世卻聽信趙高之言，自居禁中，不理朝事，一切事務都由趙高處理，趙高已完全掌握政權。但趙高還畏懼李斯，勢必除去李斯才能安心，而李斯身居丞相之職，對亂事的擴大深以為憂。

一天，趙高去見李斯，說：

「關東一帶亂事已經越來越擴大，皇上還急急於興建阿房宮，群臣又不敢進諫，而我地位低微，無法進諫，此事只有靠您來說了，您為何不說呢？」

「我老早就想說了，只是皇上不上朝廷，想說話也不可能。」

「您要是肯進諫，我會找機會替您安排。」

於是，趙高利用二世宴會的時候，通知李斯說：

「皇上現在有空可以晉見。」

李斯不知內情，到宮門要求晉見。二世正在行樂，李斯卻一再要求晉見，二世生氣地說：

「我平時空閒得很，丞相偏不來。我正在宴會享樂的時候，卻一再要求晉見，簡直不懂禮儀！真可恨！」

趙高乘機說道：

「實在很危險！沙丘之事，丞相也參與其事，陛下不封他為王，他已很不高興。陛下沒問我，我也不好說，其實丞相的兒子李由跟陳勝等盜匪頗有來往。因為不知詳情，所以不敢向陛下奏報。丞相主理朝事，權力比陛下還要大。」

二世覺得趙高說得有道理，對李斯已頗有成見。這時，李斯跟其他大臣聯合勸諫二世：

「關東地方，亂事不斷發生，朝廷軍隊雖然征討頗有成效，可是，戍邊、輸送等等使老百姓頗為不滿，賦稅也比以前沉重，請陛下停止阿房宮的工事，減輕兵役和勞役，以緩和百姓不穩的情緒。」

二世聽了更加惱火：

「先帝統一天下，外攘四夷，國內才得安定，所以興建阿房宮，以表彰先帝的功業，我只不過繼承先帝的遺志而已，這點你們應該早已知道。朕在位兩年，群盜並起，你們不能平定，卻要朕停止先帝的事業，這怎麼對得起先帝？你們目中無朕，不為朕分勞，還要尸守其位做什麼？」

於是下令逮捕李斯等人入獄。李斯在牢裡雖然上書勸諫，終究沒有效果，最後和兒子一起被處死刑。

李斯死後，趙高升任丞相。亂事不斷擴大，二世雖聽從章邯意見，大赦天下，並將酈山工人武裝起來，由章邯率領攻打亂軍。起先戰事雖有利於章邯，但在項羽的攻打下，開始後退。章邯不得已派遣使者赴都城請求救兵，趙高既不接見，也不相信。使者逃回章邯營後，對章邯說：

「趙高掌握政治大權，將軍有功也難免一死，無功就更不用說了。」

章邯聽了以後，已經膽寒，再加以項羽猛攻秦軍，秦軍大敗，章邯畏罪，投降諸侯軍。

趙高仍然一再向二世報告說：

「關東的盜賊毫不足畏！」

事實上，燕、趙、齊、楚、韓、魏六國已紛紛宣布獨立，並且自立為王。秦所統治的區域只限於咸陽一帶。這時，劉邦也私自遣使告訴趙高說：

「如果你叛秦投入我軍，秦滅後，立你為王。」

其實，趙高早已有為王的意思，為了怕秦臣不肯聽從自己的命令，曾經設計考驗群臣。一天，他帶了一隻鹿送給二世，說：

「這是馬。」

二世笑道：

「丞相，你說錯了吧！怎麼指鹿為馬呢？」

於是，二世問左右：

「是鹿？還是馬？」

有的靜默不言，有的順從趙高，回說：

「是鹿。」

有的老實說：

「是馬。」

於是趙高暗中整肅那些說老實話的人。從此，朝中大臣莫不畏懼趙高。

但是，叛亂的實情終於逐漸傳入二世耳中。趙高怕二世生氣，殺害自己，便稱病不去朝見二世。同時把女婿咸陽令閻樂、弟弟郎中令趙成叫來，說：

「現在皇上已不聽我的話，事態非常緊急，恐怕會危害到我們大家。我想另立二世哥哥的兒子子嬰為帝。趙成啊，你利用郎中令的職位，偽稱有強盜進入宮中，要求閻樂帶兵入宮，事必能成。」

閻樂和趙成按計而行。到了發動政變的那一天，趙成果然偽稱強盜入宮，閻樂率軍進

入宮中，直趨二世房間。二世大怒，招呼左右人員，左右人員都畏懼不前。只有一個宦官一直待在二世身旁，不敢離開。二世問他：

「你為什麼不早把真相告訴我？如果你早說，事情也不至於發展到這種地步。」

「因為我什麼都不說，才能活到今天。如果我說了，老早就沒命了，怎能活到現在？」

這個宦官剛說完話，閻樂已走到二世跟前，指著二世罵道：

「你這傢伙驕縱無賴，濫殺無辜，現在天下所有的人都非常痛恨你，你還是快點自我了斷吧！」

「能不能讓我見承相趙高一面？」

「不可以。」

「我希望能得到一郡土地，降位為王。」

「哈，哈，你還在作夢！」

「那麼，給我一萬戶，讓我做個萬戶侯。」

「你倒想得美！」

「既如此，就讓我跟妻子做個平平凡凡的老百姓吧！」

「老實告訴你這不知天高地厚的傢伙，我是奉丞相之命，為天下老百姓來殺你的。少囉嗦啦，你再不趕快了斷，我怎麼回去報告丞相？」

「唉，想不到丞相竟然這樣對付我。」

「少囉嗦！」閻樂揮兵逼近，二世只得自殺。

二世死後，趙高立刻召集大臣和公子，聲稱二世已死，由子嬰繼位為帝。但是，子嬰怕趙高加害自己，和自己的兒子商量，想先下手殺趙高。子嬰偽稱生病，不能上朝。趙高果然來探望，子嬰把趙高叫到內室。趙高一走近內室，就被左右伏兵殺死。

子嬰在位四十六日，劉邦軍隊已逼近咸陽，秦軍毫無鬥志。子嬰穿著喪服，頸上套著繩子，向劉邦投降。秦始皇去世後，僅僅三年，秦就滅亡了。

五、劉邦與項羽

——〈陳涉世家〉、〈項羽本紀〉、〈高祖本紀〉、〈黥（qíng）布列傳〉、〈留侯世家〉

秦始皇以嚴刑峻法統治天下，造成人民的恐懼與不滿。二世不僅沒有緩和始皇帝的政策，反而變本加厲，刑罰與勞役更加嚴苛，終於激起民變。

民變發生後，二世與當政的趙高都不以為意，低估了民變所蘊發出來的力量。想不到民變一起就導致全國性的動亂，六國諸侯的後裔紛紛自立為王，中國再度陷入分崩離析的局面。

民變是由平民陳勝、吳廣發動，可以說陳勝、吳廣點燃了反秦的火種。火種一擴大，就成燎原之勢，各地英雄紛紛揭竿而起。在這些反秦英雄中，最值得注意的是項羽和劉邦。本章先談陳勝、吳廣的起兵過程，然後再敘述項羽和劉邦如何興兵抗秦。

陳勝起兵

陳勝和吳廣在秦二世元（西元前二〇九）年七月起兵反秦。他們兩人都是貧窮的農民。

陳勝年輕時，曾被人雇用去種田。種田小憩時，他坐在田壟上，對身旁的雇工說：

「我現在雖然被人雇來種田，有朝一日，發達富貴，我一定不會忘記你。」

同是替人種田的伙伴笑著說：

「唉，我們替人種田的，哪有富貴的一天？」

陳勝嘆息說：

「唉，小小的燕子和麻雀，怎會知道鴻雁和鴻鵠（ㄏㄨˊ hú）這類大鳥的志向呢？」

陳勝雖然有鴻鵠的志向，但他還是一直過著貧窮的生活。到秦二世元年七月，陳勝和吳廣被徵調到北方去戍守邊疆，跟九百名士兵走到大澤鄉（安徽宿縣附近）時，遇到豪雨，道路不通，勢必無法準時抵達戍守的地方。依照當時秦朝的法令規定，無法在指定時間到達指定的地方，一概處斬。

陳勝和吳廣私下商量道：

「在這樣的大雨下，我們勢必無法準時抵達，只有死路一條。」

「那該怎麼辦呢？」吳廣問。

「目前，即使逃走，也會被逮捕處死，如果造反，也同樣是死。與其誤期而死、逃亡而死，倒不如造反而死。」陳勝說。

「只有我們兩個怎麼造反？」

「在秦的暴政下，人們已經苦不堪言。據說，二世是幼子，在繼承法上是不能繼位為帝的。繼位的應該是長子扶蘇。扶蘇因為常常勸告始皇帝多照顧天下老百姓，惹得始皇帝大怒，才被調到北疆去鎮守。二世為了皇位，故意把他殺了。老百姓都知道扶蘇聰明賢能，卻不知道他已被殺。項燕是楚國將領，功勳厥偉，而且愛護士兵，楚人都很敬仰他。現在有人說他已經去世，有人說他已逃亡藏匿起來。我們可以假借扶蘇和項燕的名義，先起來造反，一定會有很多人響應。」

「不錯，不錯，就這麼辦！」

於是，陳勝和吳廣去找人卜卦。卜卦的人說：

「你們所問的事都會成功，你們所卜得的是『鬼』。」

陳勝和吳廣聽了非常高興，但不知道所謂「鬼」的意思。他們思之再三，忽有所悟：

「那是要我們先假借鬼神來服眾。」

他們用朱筆在帛上寫了「陳勝王」三個字，放在魚腹裡。同隊的士卒買魚烹食的時候，看到了魚腹中的帛書，都覺得很奇怪。

接著又悄悄叫吳廣到附近的狐鳴祠，在三更半夜時，燃起篝火偽裝狐狸的聲音喚道：

「大楚興，陳勝王！」

士卒們聽到這呼喚聲，都非常害怕、訝異。第二天早上，士卒們彼此傳述昨晚聽到的聲音，而且每個人都偷偷用眼睛望著陳勝。

吳廣向來與士卒們很親近，士卒們也有許多很聽他的話，為了激起士卒們同仇敵愾之心，吳廣故意在將尉（九百士卒的領導者）喝醉的時候，不時提到逃亡的事，藉以刺激將尉，讓他侮辱自己，以激怒士卒。

將尉果然中計，把吳廣按在地下，用鞭子抽打，然後拔劍砍吳廣，吳廣躍起奪劍，在陳勝的幫助下殺了將尉。陳勝、吳廣殺了將尉之後，向士卒說：

「我們大家奉命到北方戍守，不幸遇到了這場大雨，道路阻隔，勢必無法如期到達。不能如期到達，依法令應該處死。即使得免於死，在戍守中也難免一死，因為到北邊戍守的人，有一大半無法平安回鄉。大丈夫不死則已，要死也該死得其所。死而能揚名於世，才算死得其所。王侯將相怎能由某一些固定的人獨占，有辦法的人都有做王侯將相的資格。大家起來吧！讓我們死得有價值！」

「起來！起來！我們大家一起行動！」士卒們大聲呼喚。

陳勝獲得士卒的支持後，以扶蘇與項燕之名號召群眾，自立為將軍；吳廣任都尉。陳勝率領九百士卒攻打大澤鄉。攻陷大澤鄉，即率軍東征，連戰皆捷，終於攻入陳（河南淮陽縣附近）。入陳時，陳勝軍隊像雪球一樣，越滾越大，已有車六七百乘、騎兵千餘、士卒好幾萬人。

入陳後過了幾天，陳勝召集三老（鄉的領導者）、豪傑會談。三老、豪傑都說：「將軍身穿冑甲，拿起武器，征伐無道，誅殺暴秦，重新建立楚國，應該立為王。」陳勝順從三老、豪傑的意思，立為王，國號為「張楚」。「張楚」就是張大楚國的意思。吳廣則被任命為「假王」。

這時候，全國各地由於長期忍受秦的苛政，人民內心積鬱已久，陳勝一起，各郡守紛紛響應，殺秦郡守、縣令，與陳勝呼應。

於是陳勝派假王吳廣率軍攻打李斯兒子李由據守的滎（ㄧㄥˊ yíng）陽（河南滎澤西南），卻久攻不下。

另一方面，陳勝派到各地的將領，也紛紛立六國諸侯的後裔或將軍為王。陳勝並沒有把亂軍完全組織起來，統一在自己的領導之下。

陳勝被推舉為王之後，也逐漸忘記了以前做傭工時所說的話：

「如果富貴，不會忘記你！」

以前跟他一齊被雇種田的舊交來到陳，要見陳勝。到了宮門，這舊交對守衛說：

「我要見陳勝！」

守衛長要逮捕他，他一再陳述他跟陳勝以前的朋友關係。守衛長仍然不肯替他通報。剛好陳勝走出來，這舊交攔路叫道：

「喂，陳勝，是我啊！」

陳勝聽到聲音，注目一看：

「哎呀，是你啊，想不到你也來了。」

陳勝讓朋友坐上車，走回宮中。朋友看到宮殿華麗，帷帳物品眾多，不由得稱讚道：

「呵，了不起！了不起！陳勝，你做了王，宮廷可真雄偉深邃（ㄙㄨㄟˋ suì）呀！想不到你以前的豪語竟然有了著落，了不起！」

「你那時還小看我，要我安分守己，別作非分之想哩！」陳勝微笑。

「哎，真是燕雀安知鴻鵠之志！了不起，真為你高興。」

「那也沒什麼。以後請常來這兒坐坐。」

朋友告辭，走出宮門，內心不禁覺得高興。從此一再出入陳勝宮門。朋友也因陳勝而得意，遇到人便說他跟陳勝在鄉下做工的情形，以及彼此間的交情。

於是，有人對陳勝說：

「客人愚昧無知，常常胡說八道，會使大王的威信低落。」

陳勝覺得很有道理，便叫人把這朋友殺了。於是，以前的故舊紛紛離他而去，再沒有可信任的人。

在這期間，吳廣久攻滎陽不下，被人矯陳勝之命殺害。秦將章邯進攻陳。陳勝軍敗，被御者殺害。

陳勝、吳廣起兵前後六個月就敗亡。但是，因為他們登高一呼，反秦軍紛紛而起。在這時候，項羽和劉邦也和他們呼應，起兵反秦。

項羽反秦

項羽的祖父是項燕。王翦率軍平楚時，項燕被圍逼而死，而項家世世代代都出仕戰國時代的楚國，做楚將。楚國的滅亡和項燕的死，使秦變成了項家的仇敵。

項羽少年時，學讀書寫字，總是學不成，又去學劍術，同樣沒有結果。四叔項梁看他這樣差勁，不禁生氣：

「你怎麼搞的，學什麼都學不來！」

「四叔啊，你不要生氣嘛。說實在，讀書寫字只要能寫自己的姓名就夠了；學劍嘛，劍只能跟一個人對拚，沒意思。我要學可以抵擋一萬人的方法。」

「好吧，你既有此心，我就教你這種方法。」於是項梁教項羽兵法。

「哇！真有趣！」

項羽學兵法，學得津津有味，但只懂了大概的意思，就不肯再多學。

項梁是下相（江蘇徐州附近）人，曾因案被逮捕，後經人說情，才得釋放。後來又殺了人，怕仇人追殺，跟項羽一起逃到吳中（江蘇吳縣）。

在吳中時，項梁深受吳中有力人士欣賞，被推舉為領袖。吳中有任何繇役或喪葬之事，項梁都接下來，一手包辦，然後暗地利用兵法調度有力人士的賓客和子弟，暗中觀察、了解他們每個人不同的能力。

大約就在這個時候，秦始皇也到吳中一帶巡視。項梁與項羽知道這消息，便去參觀。項羽看了說道：

「呵，這個人我可以取而代之……」

項梁嚇了一跳，立刻用手摀住項羽的嘴：

「不要亂說。你要讓我們一族人都被殺啊！」

不過，項梁從此對項羽另眼相看，認為他不是一個平平凡凡的人。

項羽身高八尺餘（約現在的六尺四五寸），力大無窮。能舉起鼎，而且才氣縱橫，有兩個瞳仁。吳中的年輕人都怕他三分。

陳勝起兵後兩個月的某一天，會稽守殷通把項梁叫來，相對而坐後，殷通說：

「現在江北一帶反秦的行動已如火如荼展開，這是上天滅秦的徵兆。有人說先舉兵的人可以控制人，後起兵的被人所控制，所以我想起兵響應陳王，任命你和桓楚為將軍，不知你的意見怎麼樣？」

可是，桓楚正因案逃亡，所以項梁想了一下，說道：

「目前，桓楚不知逃到哪裡，只有我姪兒項羽知道，我去把他叫來。」

項梁離開衙門，找到項羽，暗中跟他說了一些話，然後帶著項羽到衙門，要他提劍在門外等待。

項梁走進衙門，與殷通就坐後，項梁說：

「我已經把項羽找來，正在門外候傳。請召他進來，命令他去找桓楚。」

「好，叫他進來！」

項梁把項羽叫進來，過了一會兒，項梁回視項羽說：

「可以啦！」

項羽一聽，立刻拔劍砍下會稽守的首級。項梁拿了會稽守的印綬，提著殷通的首級走出來。

衙門內立刻大亂，衙吏舉刀攻擊項梁和項羽，項羽砍倒了近百人，衙吏才震懾投降。於是，項梁召集該地的有力人士，說明起兵反秦的理由，要求他們合作。於是，項梁率領吳中士卒起事。

接著派人到會稽郡所屬各縣，鳩集強壯有力的年輕人，組成強大部隊。項梁自任會稽守，項羽為副將，並令吳中豪傑分任各級指揮官。這時候，有一個年輕人沒有分配到指揮權，便親自去見項梁，問及此事，項梁說：

「前些日子，辦理某人喪事時，曾請你主持一項工作，你沒有辦好，所以知道你的能力，不用你就是這個緣故。」

大家聽了都心服口服。

陳勝敗死後，項梁和項羽率領八千人渡過長江，向西而行，快到東陽（安徽泗州）的時候，聽說陳嬰率領的叛軍已攻下東陽，便遣使要求陳嬰聯合率兵西征。

陳嬰本是東陽的下級官吏，為人謹慎誠實，深獲縣民擁戴。東陽少年數千人殺了縣令，卻找不到領導人物，便請陳嬰做他們的領導者。陳嬰不肯，這些少年硬立他為領袖，東陽縣附和的有二萬人，接著又要立陳嬰為王，獨樹一幟，以青蒼色的頭巾裹頭，號稱「蒼頭

軍」。

陳嬰的母親看到這種情形，對陳嬰說：

「自我嫁到你家來，不曾聽說你家出過身任高官的人，一直都過著平民的生活。現在突然做了王，名氣太大，很危險。倒不如身居人下，事成了可以封侯，即使失敗也容易逃亡，不致引人注目。」

聽母親這樣說，陳嬰就打消了做王的意思，剛好又碰到項梁遣使要求聯盟，於是召集部屬，說道：

「項家世世代代都做楚國的將領，在楚非常有名。要大事有所成，非有適當的人領導不可。我們如果能夠跟名門大家合作，一定可以滅秦。」

大家都同意陳嬰的看法，陳嬰軍於是併入項梁軍。

項梁跟陳嬰軍合併後，渡過淮水，到了下邳（ㄆㄟˊ péi）（江蘇徐州東），英布（黥布）和蒲將軍也率軍來投效。

蒲將軍，只知他姓蒲，不知叫什麼名字，如何起兵反秦也不清楚。英布本是平民，年少時，曾有相士替他看相，認為他會受刑而稱王。長大後，果然受刑黥面，他卻滿不在乎地說：

「有相士看相，說我會受刑而稱王，現在似乎已經相當接近了。」

人們聽了都嘲笑他。秦始皇建酈山陵的時候，英布因是罪犯被調去服勞役。他常跟幾十萬名服勞役者當中的小頭目結交，最後帶著他們逃到長江中去做海盜。陳勝起兵時，英布聚眾叛秦。陳勝敗死，英布引兵北上，大破秦軍，陳嬰投效項梁，他也引兵投效。

項梁鳩集陳嬰軍、英布軍西向到薛（山東滕縣東南），聽說陳勝已死，便邀請各路將領到薛開會。這時，劉邦聽說項梁在薛，也從沛縣（江蘇沛縣）率領一百多人來會。項梁給他五千兵，他也歸項梁統治。

這時候，居鄛（安徽巢縣。鄛，音ㄔㄠˊ cháo）人范增來見項梁。范增年紀已七十歲，一直都住在家裡，不過他常有出人意表的計策。見到項梁時，他說：

「陳勝舉兵反秦，本來是合情合理的，但是我老早已料定他會失敗。秦滅六國，楚最冤枉，楚懷王到秦國去，無緣無故被扣留，死在秦地，到現在楚人都還很懷念他，因而楚地有人預言說：『楚國即使沒落到只有三戶，也仍然會滅秦。』陳勝雖然首倡義舉，卻不能掌握楚人懷念楚懷王的心理，不立楚王後代，反而自立為王，勢必無法長久維繫下去。你從長江一帶起兵後，楚地各處的反秦部隊都來投效你，正是因為你家世世代代都擔任楚國的將軍，希望你能復興楚國，立楚王後代為王。」

「對，對，我懂啦！」項梁頷首稱是。

於是，項梁派人四出尋找楚王的後代，終於在牧羊人中找到了楚懷王的孫子，名叫心

的，奉為楚王，並依循民眾的心理，仍舊號稱「楚懷王」，定都於盱台（ㄒㄩ ㄧˊ xū yí，安徽盱眙），任命忠厚的陳嬰擔任上柱國之職。項梁自稱武信君。

劉邦造反

項梁在薛召集會議時，劉邦也率軍來參加。

劉邦是沛縣豐邑（江蘇豐縣）人，出身農家，父親叫太公，母親叫劉媼（ㄠˇ ǎo）。關於劉邦的誕生，有這樣一段故事。一天，劉媼在大湖邊休憩，朦朦朧朧中作了一場夢，夢見與龍神交合。這時，雷電交加，天昏地暗，太公擔心妻子，出門尋找，看見一條蛟龍伏在劉媼身上。不久，劉媼就知道自己有了身孕，生下來的就是劉邦。

劉邦，鼻子高挺，容貌像龍，有漂亮的長鬍子，左腿有七十二顆痣，為人豁達不拘小節。雖然出身農家，卻不事生產，好逸惡勞，到壯年時，出任泗上亭長。當時，每十里設一亭，亭設亭長和亭卒，亭長有行政權，並負責地方治安。換言之，劉邦的職位相當於現在的村里長、警察局分局長。

自擔任亭長後，劉邦不僅瞧不起縣吏，而且喜歡酒色。常到王婆婆和武婆婆的酒店賒

（ㄕㄜ shē）帳買酒喝。喝醉躺下時，武婆婆和王婆婆常看見有龍出現在劉邦身上，覺得很奇怪，而且，每次來買酒，酒店的生意就比平日好上數倍。待看到龍出現劉邦身上的怪事以後，到歲末結帳，這兩家酒店不僅不收酒帳，還把劉邦平日借的錢也勾銷了。

劉邦曾以亭長的身分到咸陽去監工。監工時，他常犯禁偷看秦始皇出巡的豪華行列，不禁嘆息道：

「唉，大丈夫就應該這樣呀！」

項羽看到始皇行列，卻說：「可以取而代之。」從這裡也可表現出項羽和劉邦性格的不同。

離沛縣不遠的地方，有一叫單父（山東單縣）的縣。縣裡住著一個不知其名，只知姓呂的老先生，大家都叫他呂公。

呂公跟沛縣縣令很要好，曾因案避仇，逃到沛縣縣令家做客，因此也就定居沛縣。沛縣的有力人士跟下級官吏知道有縣令看重的客人，都來祝賀。當時，蕭何擔任縣令的祕書，替縣令收賀禮，一面說道：

「賀禮超過一千錢的坐在堂上，不滿一千錢的坐在堂下！」

劉邦雖然只做個小小的亭長，但是一向瞧不起其他縣衙裡的官吏，這次他也來送禮，在賀單上寫著：

「送賀禮一萬錢。」

其實，他一毛錢也沒帶。

賀單送入內室，呂公一看，不禁大吃一驚：

「哎呀，賀禮一萬，數目太大了，不出去迎接，就是我無禮。」

呂公趕忙站起來，到門口去迎接。看到劉邦，呂公更加吃驚。呂公擅長看相，看了劉邦相貌，便恭恭敬敬把劉邦接進內室。

蕭何悄悄對呂公說：

「劉邦這傢伙喜歡吹牛，很少做正經事，可別受騙！」

劉邦向來目中無人，大剌剌坐在上座，一點也不覺難為情。

酒過三巡，呂公用目光示意，要劉邦宴後留下來。宴會結束，呂公送完客，便對獨個兒留下來的劉邦說：

「我年輕時就喜歡相人術，相過的人已經相當多，沒有一個趕得上你，請多珍重。我有一個女兒，願意給你做妻子，不知你有沒有意思？」

「謝謝，在下願娶她為婦！」

劉邦告辭回去後，呂公把女兒許配給劉邦的事告訴了妻子，呂媼生氣地說：

「你一直把女兒當寶一樣看待，要嫁給名門大家。沛縣縣令要娶女兒，你都不肯，怎

麼糊里糊塗許配給劉邦！」

「你們婦人女子懂得什麼？」

呂公不理呂媼嘮叨，毅然決然把女兒嫁給了近乎無賴的劉邦。呂公的女兒，名叫雉（ㄓˋ zhì），就是以後最會吃醋的呂皇后。

呂雉婚後生下一男一女，男的叫劉盈，就是以後的孝惠帝。女的就是以後的魯元公主。

劉邦做亭長時，告假回鄉。呂雉和兩個孩子在田裡割草，有一老人經過，問道：

「能不能給我一杯水？」

呂雉不僅給他水，還給他飯吃。老人吃飯時，凝視呂雉的臉說：

「妳以後必定大富大貴。」

呂雉立刻請老人也相相兩個孩子。老人望著劉盈說：

「太太，妳所以會富貴，就是因為這個孩子。」

接著又相魯元：

「小姐也是富貴之人。」

呂雉聽了內心欣喜無比。

老人離去後，劉邦剛好從附近的屋子走出來。呂雉告訴他：

「剛才有一個老人從這兒經過，看了我和孩子的相貌，說我們是大貴之相。」

劉邦心裡一動：

「走多久啦？」

「剛走不久。」

劉邦急忙向老人去的方向奔馳，不久就趕上老人，問道：

「老丈，你剛才替內人和孩子看相，說他們都會大貴，不知在下如何？」

「太太和孩子都像你，你貴不可言。」

劉邦聽了大樂，致謝道：

「果真如老丈所說那樣，我一定不忘今日之恩。」

劉邦雖然將來貴不可言，但這時候仍然是個亭長，必須以亭長的身分送縣裡的囚徒到酈山去為秦始皇築陵。但是，無能的劉邦控制不住囚徒。囚徒沿路紛紛逃亡。劉邦內心不由得慌張，想道：

「一路上，這樣東逃一個西跑一個，到目的地勢必都逃光了。逃光了，我這條命也保不住了。」

想著想著，他們已走到豐縣西邊的澤地，劉邦下令停下休息喝酒。天黑後，劉邦釋放了所有的囚徒說：

「你們逃吧，我也要走啦！」

囚徒中有十多人願隨劉邦一起逃亡。當晚，劉邦他們喝了許多酒，經過澤地小徑時，叫一個同逃的人在前面先行。這個人不久就回報說：

「前面有一條大蛇擋路，還是回頭走吧？」

劉邦醉眼朦朧：

「怕什麼！我是一個勇敢的人，絕不怕！」

說了大話，不往前走也不行，劉邦雖然心寒，也只得鼓起勇氣，獨自往前衝，走了一會兒，果然看到一條大蛇擋在路上，劉邦不禁嚇了一跳，酒往上衝，迷迷糊糊拔劍往蛇砍去，蛇也迷迷糊糊被砍成兩段。

劉邦走了幾里路，醉倒在地；同行的人趕來，走到斬蛇的地方看到一個老婆婆哭得淒涼，便問道：

「老婆婆，你為什麼哭？」

「有人殺了我兒子，我所以哭。」

「為什麼被殺？」

「我的兒子是白帝之子，變成蛇，擋在路上，卻被赤帝的兒子殺了，怎能不悲傷呢？」

同行的人認為這老婆婆胡說八道，想用鞭子打她，她卻忽然不見了。

同行的人走到劉邦那裡，告訴他剛才的事。劉邦早已醒來，正在等他們，聽了不由得

心喜。原來，秦的正色是白色，斬白蛇意指滅秦。

「原來斬蛇和滅秦有這麼密切的關係。」

這麼一想，劉邦大為得意，意氣洋洋地細述斬蛇之事，當然其中不免有誇大的成分，因為劉邦本來就是一個喜歡吹牛的人。同行的人從此更畏懼他，成了他忠實的嘍囉。

秦始皇常說：

「東方有天子氣。」

因而到東南巡視，意圖藉自己的天子氣來壓制另一股天子氣。而劉邦自以為東南方的天子氣應在自己身上，便躲藏在山裡，別人都找不到。可是呂雉帶人來找，一定可以找到。劉邦覺得很奇怪。問道：

「妳怎麼知道我在這裡？」

「你所在的地方，頂上總是有雲彩，所以知道你在什麼地方。」

劉邦聽了更高興。沛縣的年輕人知道這消息後，來投靠的更多了。

當然，這些事是真是假，不得而知；也可能是劉邦和呂雉兩夫婦故意製造出來吸引人注意，藉以吸收更多嘍囉。

不久，始皇帝去世，二世即位，陳勝、吳廣的反秦運動也展開了。

各郡縣紛紛殺郡守、縣令，響應陳勝等。沛縣縣令害怕，想自動起兵反秦，以免被沛

人殺害。屬吏蕭何和曹參說：

「你是秦的官吏，要率領沛縣年輕人起事，恐怕不容易。何不召集逃亡的本縣人呢？這樣馬上就可召集到幾百人，用這幾百人來號召群眾，群眾大概不會反對。」

縣令接受了他們的意見，派樊噲去找劉邦。劉邦這時已是山賊的頭領，部下有一百人左右。

樊噲帶劉邦來的時候，沛縣縣令突然想道：

「糟糕，託庇山賊，豈不是把自己送入了虎口！」

這麼一想，立即下令關閉城門，懷疑蕭、曹兩人可能與劉邦勾結，想殺他們。蕭、曹看到縣令關閉城門，勢必派人來殺自己，立即相約爬過城牆，投靠劉邦。

劉邦率領近百人跟樊噲到了沛縣，看到城門已閉，蕭、曹來投，知道縣令已反悔，便在帛上寫了號召起事的文字，用箭射入城裡，上面寫著：

「親愛的父老：我們老百姓在秦的酷政下受苦，為時已經相當久了。如果你們一定要為縣令守城，在諸侯紛紛起兵反秦的當兒，有朝一日難免要遭受屠城的命運。大家何不率領子弟起來殺縣令，從子弟中選擇有為的人做領袖，響應諸侯反秦的義舉呢？這樣，不僅可免父子被屠殺的命運，更可保全家庭的完整呀，起來吧，父老們！不要為縣令白白犧牲眾人的生命！」

沛縣父老終於率領子弟起事，殺了縣令，打開城門迎接劉邦進城。想立劉邦為新縣令，劉邦推辭說：

「天下正在紛亂之中，各地有英雄豪傑起來反秦，如果推舉的領袖不恰當，難免一敗塗地。我並不是珍惜自己的生命，只怕能力不足，不能達成各位的期待。這種大事，最好推舉更恰當的人。」

於是有人推舉蕭何和曹參，因為他們都是沛縣的高級吏員，也得一般人的推賞。他們都是讀書人，卻已無戰國時代讀書人的豪氣，珍愛生命，不願居頭領導，深怕舉事不成，被秦滅族，寧願龜縮在人家後面。他們拚命推舉劉邦，眾人只好再懇請劉邦，劉邦一再推辭。沛縣父老最後說道：

「我們已經聽了許多關於你的奇異事情，這正是你應該成為領導人的證據。剛才還下了卦。卦辭說，你出任領袖最為恰當。」

劉邦雖一再推辭，事實上心中早已願意。劉邦終於做了沛縣縣令，稱為沛公。

當天，劉邦率眾祭神，擊鼓樹立赤旗，因為殺白帝兒子的是赤帝的兒子，所以用紅旗幟象徵反秦的意志。

劉邦在蕭何、曹參、樊噲的支持下，率領兩三千沛縣子弟攻占附近的郡縣。占領碭（ㄉㄤˋ dàng，江蘇碭山縣）後，已擁有兵力萬人。這時候，他聽說項梁在薛召集反秦軍將領，

便率領百餘人去參加會議。

項羽掌握領導權

薛會議後，立楚懷王之孫為楚王，以復興楚國為號召，開始分兵西進攻秦。

項梁自率領本部軍隊援救東阿（山東陽穀東北），在東阿大破秦軍；率軍西向占領了定陶（山東定陶縣西北），準備由此向西進攻咸陽。

由項梁派出的項羽與劉邦的分支軍隊攻占城陽（山東濮縣東南），又向西進到了雝（ㄩㄥ yōng）丘（河南杞縣），大敗秦軍，殺死了據守雝丘李斯的兒子李由，準備沿著黃河西向攻咸陽。

項梁聽說項羽和劉邦已斬殺李由，覺得秦軍已不堪一擊，面有驕色。前楚國令尹（最高行政長官）宋義勸說：

「即使屢次戰勝秦軍，也不能輕慢驕傲。如果打了勝仗，將領就驕傲，士卒就怠惰鬆懈，下一場戰爭一定失敗。現在士卒已經有點懈怠，而秦軍雖敗，兵員卻一天天增加，我實在替你擔心。」

項梁根本不聽，派宋義出使齊國。

宋義啟程後，在路上遇見了齊派來的使者高陵君顯。宋義說：

「你要去見項梁嗎？」

「是的。」

「依我看，項梁軍免不了要被秦軍打敗。你慢慢走去，可免一死。如果趕著去見他，太早到了，那可危險。」

宋義的擔心果然沒錯。秦兵一天天增加，開始攻擊楚軍，在定陶大敗項梁軍，項梁戰死。項羽與劉邦也久戰無功。

楚懷王聽說項梁敗死，大為害怕，從盱台遷到彭城（江蘇銅山縣），親自統率楚軍。項羽與劉邦也回軍守衛彭城。

這時，宋義路上遇見的齊使者高陵君顯已至彭城，進謁楚懷王，說：

「我在路上遇見宋義，宋義說項梁的軍隊一定會打敗仗。果然，過了沒幾天，就聽說項梁戰死的消息。還沒交鋒，就能預先看出敗仗的徵兆，宋義確是一個懂得用兵的人。」

懷王聽了立刻召見宋義。宋義向懷王陳述用兵之道，楚王頗為欣賞，隨即任命宋義為上將軍，統率諸軍。又任命項羽為次將，范增為末將。

秦將章邯擊敗項梁軍後，認為楚軍已不足構成威脅，便領軍北進攻打趙王歇。趙王歇

也是反秦自立為王的。秦軍圍趙王於鉅鹿（河北鉅鹿）。趙頻頻遣使向懷王求救。

楚懷王派宋義、項羽領軍救趙；令劉邦率軍向西進攻咸陽。軍隊啟程前，懷王把各路將領召集來，其中當然也包括項羽和劉邦，說道：

「我想在此跟各位約定，誰先入關中，占領秦都咸陽的，就讓他在關中為王。」

項羽有意領軍入關中，滅強秦替叔父報仇，懷王卻派他隨同宋義領軍救趙。項羽本來不願意，但轉念一想殺叔父項梁的章邯軍正在鉅鹿，先破章邯，重振叔父聲威，再入關中也不遲。

項羽和宋義領軍行至安陽（山東曹縣東），宋義下令停止行軍，駐留了四十六天，項羽等得心急如火，要求上將軍宋義說：

「聽說秦軍已包圍了鉅鹿，現在應該趕快渡過黃河，襲擊秦軍，而由趙軍從城內呼應，內外夾擊，秦軍必敗！」

「你這樣說就錯了。俗語說，殺得了牛背上的牛虻（ㄇㄥˊ méng），也殺不了毛內的蟣（ㄐㄧˇ jǐ）蝨。也就是說，要滅秦，不必急於跟章邯戰鬥。現在章邯率軍攻趙，我們何不讓秦、趙兩軍先打一打，如果秦勝趙，秦軍必疲，我們再乘機攻打；如果秦敗給趙，我們就不管它，直接領軍西進，一定可以一下子攻下秦都。拿武器作戰，我不如你；以戰略決勝負，你不如我。」

說完話，便下令軍中：

「凡是像老虎那樣勇猛、像山羊那樣凶狠、像狼那樣貪婪，不聽使喚的，一律處斬！」

這道命令無異是針對項羽而言。這時候，宋義又親自送兒子宋襄到齊國去。走到無鹽（山東平縣東）這地方，他為兒子舉行盛大的送別會。這天，天氣嚴寒，又下大雨，士兵們都飢寒交迫。

項羽本來就非常生氣，這時更怒氣沖天：

「大家正合力攻秦，卻偏偏停兵不進。今年天時不佳，軍民沒有東西吃，他卻還在舉行盛大的宴會。不渡河跟趙合力攻秦，還說什麼等秦疲憊！以秦的強來攻新建的趙，怎麼會有攻不破的道理？攻破了趙，秦只有更強，哪會疲憊？而且，項梁軍剛剛打敗仗，懷王忐忑（ㄊㄢˇ ㄊㄜˋ tǎn tè）不安，才把全國軍隊交給他，可見這次救趙之戰關係國家安危甚大，他卻那樣不體恤士卒，這麼自私，怎能算是繫國家安危於一身的大臣！」

項羽越想越氣，第二天一大早就走進宋義帳篷，砍下宋義的頭，下令說：

「宋義意圖與齊勾結，背叛楚國，楚王命令我就地處決！」

將領們人人渾身顫慄，不敢反抗，齊聲說：

「最先復興楚國的是你們項家，如今將軍又處決了楚國的叛逆。」

於是，大家商議立項羽為臨時上將軍。項羽還派人趕到齊國殺了宋義的兒子宋襄。

知道這事件後，懷王只好封項羽為上將軍，統率英布和蒲將軍。從此項羽在楚的權威越來越大，在諸侯間的聲望也逐漸提高。

項羽立即率領全軍渡過黃河。一上岸，就下令把船擊沉，把燒飯的用具搗碎，把軍營燒掉，只準備三天的糧食，向全體士兵表示這次戰役只有前進，絕無退路。

抵達鉅鹿的楚軍與章邯率領的秦軍展開激烈的戰鬥。楚軍九次交鋒，終於截絕了秦軍的補給路線，大敗秦軍。秦軍將領有的戰死，有的被俘虜，有的不願投降，自焚而死。

當時，各地諸侯都派兵來支援鉅鹿的趙王，但因秦軍太強，都不敢跟秦軍接觸。項羽攻秦時，他們也只在旁邊觀戰。楚軍雖孤軍作戰，卻人人勇敢向前，呼聲震撼天地，在現場觀戰的諸侯軍都顫慄恐懼。

擊垮秦軍後，項羽召見各地諸侯軍的將領。他們走過軍門時，沒有一個不跪著往前爬行，也沒有一個敢抬頭看項羽。從此，項羽成了諸侯的上將軍，掌握了所有反秦軍的領導權。

鉅鹿之戰後，項羽領軍向西進攻，目標指向咸陽。途中，秦將章邯因害怕被秦二世誅殺，也向項羽投降。

劉邦先入咸陽

項羽在鉅鹿與秦軍作殊死戰的時候，劉邦率領另一支軍隊向秦都咸陽進攻。當時，秦軍主力集中在鉅鹿，而咸陽是秦都所在，地勢險要，也不易攻擊。如果不理章邯的秦軍主力直接進攻咸陽，章邯軍轉頭攻擊，潰敗的可能性極大。

因而楚懷王雖與諸將約定，先入關中的人做關中王，諸將都覺得害怕，不願意居先入關中。這時候，只有項羽和劉邦兩個人願意領軍攻擊關中。劉邦冒險心比較強，有賭徒心理，於是拿出了他在沛縣願居蕭何先的精神，願意領軍西行。而項羽則基於為叔父報仇滅秦的情緒作用，也願意領軍攻咸陽。項羽和劉邦都願承命，但是，誰為主，誰為副，卻是一個問題，當然，在戰略上，如果能牽制住鉅鹿的秦軍主力，入關滅秦比較容易。可是，讓誰去牽制呢？這又是一個問題。

在這關鍵問題上，懷王的親信說：

「項羽本性慓悍殘酷，陷一城殺一城的民眾，破一軍殺盡一軍的人。楚地的人都很驕傲，陳勝和項梁之敗全是驕傲所致。現在，最好派一個比較忠厚的人，以正義之師向受苦

的秦民呼籲，戰勝的可能性比較大。項羽殘忍慓悍，不能派他去；劉邦比較寬大仁慈，最好派他去。如果兩個一起去，又怕會發生衝突。」

「可是，派劉邦，不派項羽，項羽可能不服氣。」

「派劉邦攻秦的時候，可同時派項羽去救趙，同時也可藉此牽制秦的主力軍。」

「如果項羽不答應，要跟劉邦一起去，怎麼辦？項羽有大功，性格又激越啊。」

「項梁是為章邯所敗而致死，可利用項羽激越的性格，激起他對章邯軍的仇恨，他必願意領軍救趙。同時為了牽制章邯軍，迅速達到滅秦的目標，可令宋義做主帥，節制項羽，以免項羽躁進。」

懷王聽了頻頻頷首，便把項羽叫來，要他隨宋義救趙。項羽不願意，懷王對他說起項梁之死。項羽果然中計，答應隨宋義救趙。

於是，楚軍分兩路，一向北救鉅鹿。一向西攻咸陽。

劉邦領軍西向經昌邑（山東金鄉附近），襲陳留，得秦積存的糧食。經滎陽（河南滎澤西南），攻潁陽（河南許昌西南），屠城。又得張良的助力占領韓地的重要據點轘（ㄏㄨㄢˋ huàn）轅（河南偃師東南）。劉邦軍逐漸逼近洛陽。

從此，張良正式成為劉邦的謀臣軍師。張良歷代祖先都做韓的丞相。秦滅韓時，張良雖未在韓任官，卻因父祖以上五代都做韓相，所以立志為韓報仇，曾雇大力士在秦始皇東

巡的時候，在博浪沙狙擊始皇帝，沒有成功。始皇帝大事搜索，張良只好逃亡，藏匿於下邳。

在下邳時，一天，張良在下邳橋上散步，一個穿粗布衣裳的老人家走過來，快到張良身旁時，所穿的鞋子掉落橋下，便回頭對張良說：

「年輕人，下去撿鞋！」

口氣非常無禮，張良嚇了一跳，想走過去給他一拳，看他是個老人，便忍住氣下去替他撿鞋。

「幫我穿上！」

既然撿了，就替他穿上吧！張良跪著替老人家穿上鞋。老人家穿了鞋，微笑而去。張良對他這種受之無愧的無禮行為更是吃驚，一直望著老人的背影。老人大約走了一里路，又走回來，對張良說：

「你這小伙子還不錯，五天後黎明時，到這裡來見我。」

張良覺得很奇怪，跪下說聲：「是！」

五天後黎明時，張良走到那橋上，老人已老早等在那裡。

「和老年人相約見面，竟然遲到！」老人家倚老賣老生氣地說。隨即返身就走。「五天後早點兒來。」這老頭的語氣有點逼人。

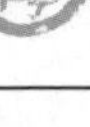

過了五天，雞剛鳴，張良就去了，想不到老人又先到，而且生氣地說：

「五天後再來。」

第五天，還沒到半夜，張良就到了橋上，不久老人也來了。

「應該這樣！」老人家高興地拿出一本書送給張良。「讀了這本書，你就可以成為王者的老師。十三年後，我們再見。」說完話便離去。

這老人送的原來是一本兵法書，也就是周文王謀臣太公望呂尚的兵法書。張良覺得很奇怪，因而常常誦讀。

張良在下邳常與任俠之士來往，也跟項伯交往。

陳勝起兵，張良也聚集了一百多個年輕人。不久，劉邦興兵來攻下邳，張良軍遂與劉邦軍會合。

薛會議時，張良跟劉邦去見項梁。項梁立楚懷王，張良建議立韓成為韓王，項梁同意。張良受命去輔佐韓王，在韓地跟秦軍周旋。到劉邦領命西征咸陽，由穎陽西進時，才與劉邦會合，占領轘轅。

但是，劉邦逼近洛陽，與秦軍展開戰鬥，局面對劉邦不利。劉邦遂領軍南下大敗南陽郡（河南南陽一帶）的秦軍。南陽郡守撤軍回守郡都宛（河南南陽），堅守不戰。劉邦想放棄宛城，領軍西進，張良說：

「我知道沛公急著想入關中。但是，秦還有許多軍隊，據守各處。現在不占領宛，宛從後面進攻，前面又有秦軍，前後夾擊對我軍不利。」

劉邦聽從了張良的意見，當晚從另一條路引軍回來，更換旗幟，到天亮時，已包圍宛城三圈。

南陽郡守看見劉邦軍又有新的軍隊增援，料想無法反擊，而想自殺。這時，郡守的賓客陳恢說：

「現在就死太早了。」

說完話便越城去見劉邦：

「我曾聽說有先入咸陽可立為王的說法，將軍一定想先入咸陽吧？可是現在卻留在宛城，想極力攻打，這實在沒有好處。宛是一個大城，民多糧足，如果讓大家都以為投降必被殺，一定會拚命抵抗。這樣您的軍隊會受到極大損傷，也無法先入咸陽。何不跟郡守相約，郡守投降，封他官職，留他守城。這樣您引兵西行，沿途一定會有許多人投降。對將軍來說，這可能是最好的辦法，不知您的意見怎麼樣？」

「不錯。」

於是封宛守為殷侯，賜陳恢千戶。然後引兵西征，沿途許多城守都開門投降。劉邦軍終於到達了進入關中的關口之一——武關。武關跟它北邊的函谷關，兩邊都有高山，是一

座易守難攻的關口。

逼近武關後，劉邦遣人赴關中，欲與趙高暗定瓜分關中的條約。使者還沒到關中，便發生了秦將章邯引軍投降項羽的事件，因章邯懷疑趙高不肯增援，有意要殺害自己。為此，趙高設計殺了秦二世，叫人來見劉邦，想跟劉邦平分關中。劉邦以為其中有詐，想立即攻占武關，好進入關中。張良說：

「秦的勢力還很大，不能輕視。據說，武關守將是屠夫的兒子，商人容易動之以利。您可留下不動，先派人準備好五萬人的糧食，在各個山頭插上更多的旗幟，然後派人帶著珍寶去見守將。守將見兵多又有重寶，一定會叛秦跟我們一起西攻咸陽。」

劉邦聽從張良的意見，派人去遊說守將，守將果然叛秦想跟隨劉邦行動。劉邦有意要接受，張良說：

「不可接受！這可能只是守將一個人想叛變，其他士卒未必肯遵從。如果士卒不從，那就非常危險。何不趁他們守將與士卒互相猜疑、分離的時候，引兵攻擊！」

「說得好！」劉邦頷首，下令攻擊武關。占領武關後，一口氣進入關中，向北行進，抵達了距離咸陽僅一百公里的藍田（陝西西安東南）南邊。

劉邦軍插起許多旗幟，故布疑陣，同時禁止軍隊掠奪，因而秦地民眾非常高興，秦的軍隊也毫無鬥志。劉邦利用這機會大破藍田的秦軍，乘勝往咸陽逼近。

漢元（西元前二〇六）年，劉邦比項羽及其他諸侯早到了咸陽附近的霸上（陝西西安南方灞水邊）。秦王子嬰素車白馬向劉邦投降，秦亡。

劉邦的將領中有人主張處死秦王子嬰，劉邦說：

「懷王派我攻秦，而不派項羽，主要是因為我能夠寬大對人，何況秦王已經投降，殺投降的人會帶來不吉利，還是算了。」

於是把子嬰交給官吏看管，自己率軍進入咸陽。

劉邦走入秦王宮殿，看見宮室美侖美奐，帷帳華麗，又有珍貴的寶物和美麗的女人，好酒又好色的劉邦不禁心動不已，想留下不走。樊噲勸劉邦不要留戀宮室婦女，說：

「沛公您是想天下？還是只想做大富翁？如果想要有天下，應該趕快回霸上，不要留在宮中，因為這些華美的宮室帷帳和珍寶美女都是秦亡的主要原因。」

「我自從起兵兩年以來，櫛風沐雨，才到了這裡。如果不在這裡樂一樂，為何要這麼辛苦？」劉邦不肯聽樊噲的勸諫。

張良聽劉邦這麼說，便勸道：

「因為秦暴虐無道，沛公才能到這裡。要為天下老百姓消滅凶暴極惡的人，自己就應以樸實為主。現在才剛剛進入咸陽，就要過安樂奢侈的生活，這無異是『助桀為虐』。俗語說『忠言逆耳利於行，良藥苦口利於病』，願沛公能聽從樊噲的意見。」

聽自己的謀臣軍師也這麼說，再留戀秦宮的享受委實說不過去。於是劉邦下令把秦的珍寶財物鎖在府庫裡，領軍回霸上。

隨後，劉邦邀集關中各縣的父老與有力人士，說：

「長久以來，父老們都受秦嚴苛的法令所苦，毫無說話的自由，稍微批評國家的政策，一族人都要被殺頭；兩個人聚在一起說些話，就要被送到鬧市處死。我跟諸侯約定，最先進入關中的做關中王。我最先進入關中，應該做關中王，所以跟父老約法三章：⑴殺人的處死；⑵傷害人的要受處罰；⑶盜竊也要受罰。其餘所有秦法一概廢除。官吏和民眾都照常做自己的事，過自己的生活。我到這裡來是替你們除暴，不是來打擾你們，希望你們不要恐懼！我所以把部隊調回霸上，是等待諸侯來臨，以便完成約定的手續。」

之後，劉邦命令部下跟秦吏到關中各地，把這通告告訴各地居民。關中的民眾非常高興，紛紛帶著牛羊酒食來獻，劉邦不肯接受：

「軍糧還非常充裕，不勞各位！」

居民聽了更加歡喜，劉邦的聲望越來越高。

這時候，有人對劉邦說：

「關中比天下富裕十倍，而且地勢險要。聽說章邯投降，項羽封他做雍王，勢必到關中來。如果來了，沛公恐怕無法擁有這塊地方，最好趕快派兵守函谷關，不讓項羽及其他

諸侯進來，不妨稍微徵調關中兵，來加強自己的實力，好跟他們對抗。」

劉邦頗以為然，立刻派兵固守函谷關。

鴻門宴

項羽在鉅鹿大敗秦軍，在洹水南邊的殷墟安陽接受秦將章邯投降，而後一路從北向南平定秦的領土，進軍到函谷關。看見有軍隊把關，進不了關；又聽說劉邦已攻占咸陽，項羽不由得怒火中燒，命令英布攻擊函谷關。

函谷關立刻被項羽軍攻陷、占領，項羽驅軍直抵鴻門。鴻門距咸陽只有幾十公里。

這時候，劉邦軍駐紮霸上與鴻門相距約二十公里。劉邦還沒跟項羽見面，劉邦的部下曹無傷聽說項羽大怒，正要攻擊劉邦，為了討好項羽，期得封土，悄悄派人告訴項羽說：

「劉邦想做關中王，用子嬰作丞相，而且秦的珍寶已全入他手中。」

項羽聽了怒上加怒：

「讓士兵好好吃一頓，明天一早去擊垮劉邦！」

這時候，在鴻門布陣的項羽軍有四十萬；在霸上駐守的劉邦軍只有十萬。劉邦必非項

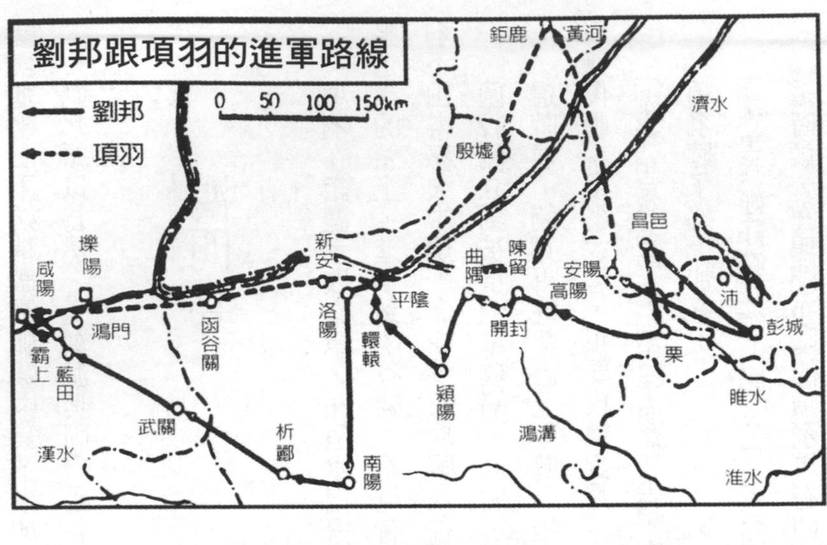

羽之敵。因而范增勸項羽說：

「劉邦在沛縣時，喜好酒色。現在入關不取任何東西，不要任何女人，他的志向一定不小，應該趕快把他除掉，不然可要後悔！」

項羽聽曹無傷和范增這麼說，便下令士卒好好休息，準備次日領軍攻打劉邦。

項羽的伯父項伯聽到這消息，連夜奔到劉邦軍營找好友張良，把項羽攻劉邦的事告訴張良，要張良跟他一起逃走。

「不趕快逃，可危險喲，我們快跑吧！」

張良拒絕說：

「我跟沛公一起來，事急而逃，於理不合，不能不告訴他。」

張良走入劉邦帳幕，把項伯所說的全告訴劉邦，劉邦大吃一驚。

「那該怎麼辦？」

「是誰為大王設計把守函谷關拒絕項羽進來？」

「一個無聊的傢伙要我守關，不讓項羽和諸侯進來，而在關中稱王。」

「大王能抵擋得住項羽嗎？」

劉邦靜默了好一會兒，說道：

「抵擋不了，那該怎麼辦呢？」

「只有請大王去見項伯，告訴他大王不敢背叛項羽。」

「你怎麼跟項伯認識的？」

「我在下邳時，項伯殺人，來投靠我，我庇護他，現在事態緊急，才來告訴我。」

「你跟他哪個年紀大？」

「他比我大。」

「好，請你叫他進來，我要奉他為兄。」

張良走出帳幕，邀請項伯去見劉邦。劉邦舉杯為項伯祝長壽，並與項伯訂立姻親關係，然後說道：

「邦入關以後，所有東西連動都不敢動，官民的戶籍全封在府庫，等上將軍來查閱。我派人守函谷關，為的是防盜入侵，或防備非常事態發生。日夜都在等待上將軍來，怎麼會背叛呢！懇請把此事告訴上將軍。」

項伯答應，並對劉邦說：

「明早一定要早點來向項將軍道歉。」

「是，明天一定早去。」

項伯又連夜趕回，把劉邦所說的話告訴項羽，最後又加上了一句：

「劉邦如果不先攻占關中，你怎麼進得去？人家有大功勞，你反而起兵攻打，實在不合道理。最好還是好好對待他。」

項羽覺得很有道理，就不攻打劉邦了。

第二天早上，劉邦帶著一百多個部下來見項羽。到鴻門兩人見面後，劉邦謝罪說道：

「我與上將軍合力攻秦，上將軍在黃河以北作戰，我在黃河以南作戰。出乎意料，我居然先入關滅秦，想不到還能在這兒跟上將軍見面。現在有小人居間挑撥，使上將軍和我之間發生了誤會。」

「這是你部下曹無傷說的。不然的話，我怎麼會這樣做？」

項羽留劉邦喝酒。項羽和項伯面東而坐；范增面南而坐；劉邦面北而坐，張良面西侍候。

酒過三巡，范增不時用目光向項羽示意，又舉起腰間所佩玉玦向項羽示意三次，要項羽趕快下決心殺劉邦，項羽默默不理。於是，范增起身去找項羽堂弟項莊，說：

「項王不忍心殺劉邦。你可先進去替劉邦祝壽，然後舞劍助興，藉機刺殺劉邦。不殺劉邦，你們將來都會被劉邦俘擄的。」

項莊走進帳篷，舉杯祝劉邦長壽，然後說道：

「大王跟沛公喝酒，軍中沒什麼可以助興，請讓我舞劍助興。」

「好，你舞劍吧！」項羽說。

項莊拔劍起舞，想不到項伯也拔劍起舞，還不時用身體護衛劉邦，使項莊無法下手。見此情景，張良離席走到軍門外，看到樊噲。

「情形怎麼樣？」樊噲問。

「事態非常緊急。剛才項莊舞劍，目標始終指向沛公。」

「哎呀，那可危險。請讓我進去，和主公一起死。」

樊噲帶著劍和盾衝進去，守衛不讓他進去。他用盾衝倒守衛，走進軍門，撩開幕帷，面西站著怒視項羽。項羽手按劍柄，立起了一腿問：

「你是誰？」

「是沛公的侍從樊噲。」張良說。

「了不起！給他一杯酒！」

於是給樊噲一大杯酒。樊噲跪著接過來，起身一飲而盡。

侍從給了樊噲一大塊生的豬肩肉。樊噲把盾蓋在地上，再把豬肉放在上面，拔劍切肉而食。

「真是壯士，了不起！還能喝酒嗎？」項羽說。

「我死都不怕，還會推辭這一點點酒嗎！但請先聽我說句話：秦王心狠手辣，殺人如麻，濫用刑罰，所以百姓才背叛他。懷王跟將軍們約定：『先入關的做關中王。』現在沛公先敗秦入咸陽，一樣東西都不拿，把宮室關閉，然後領軍回到霸上，等待大王來臨。沛公派人守函谷關只是防盜和預防非常事情，勞苦功高，想不到不僅沒有獲得獎賞，大王反聽人閒言閒語，要殺有功的人。這豈非跟秦的作風一樣？實在是對大王非常不利。」

項羽無法回答，只說一聲：「你坐吧！」

樊噲靠著張良坐下。

過了一會兒，劉邦起身說要上廁所，招樊噲一起走出軍門外。

「我想回霸上，但沒跟項羽辭行，怎麼辦？」劉邦憂心忡忡地說道。

「要做大事，何必管它小小的禮節！現在，我們無能為力，好像砧板上的魚肉，只有任人宰割，局勢非常危險，何必還要辭行。」樊噲說。

劉邦決定不辭而去，便把張良叫來，要張良代自己向項羽辭謝。張良問：

「大王帶了什麼來？」

「我帶一雙白璧要送給項羽，帶一對玉杯要送給范增。因為他們生氣，我不敢拿出來。你替我送，好嗎？」

「遵命！」

當時鴻門和霸上相距四十里。劉邦把車子和其他人員留下，只帶著樊噲和四個人一起從山路抄捷徑趕回霸上。跟張良告別時，劉邦說：

「從這條路回霸上，只有二十里（十公里）。你推算我已抵達霸上，再回席向項羽告辭。」

張良依言等劉邦已從捷徑趕回霸上時，再回席上向項羽致歉說：

「沛公酒喝得太多，無法辭行，特命我獻一雙白璧給大王，一對玉杯給范將軍。」

「沛公此時在什麼地方？」

「聽說大王有意要責備他，他已獨個兒逃走，現在已回到霸上了。」

項羽接過白璧放在座位上；范增接過玉杯，放在地上，氣呼呼地拔劍把玉杯擊破，長長嘆了一聲。

「唉！這小子真沒法圖謀大事！奪項王天下的必是劉邦。我們免不了要做他的俘虜啦！」

另一方面，劉邦回到霸上後，立刻殺了曹無傷。

幾天後，項羽率軍直進入咸陽，大事屠殺，還殺了已經投降的秦王子嬰，並放火燒宮殿，火燒三月不熄，然後掠奪宮殿裡的財寶婦女，想帶回故鄉。於是有人對他說：

「關中四面有山，可做自然的防寨，而且土地肥沃，是一個可以稱霸天下的好地方。」

項羽看到宮殿已完全燒毀，又很懷念故鄉，就說：

「唉，人不管多偉大，不回故鄉，等於穿著漂亮的衣服，在晚上走路一樣，有誰知道！」

「唉，人們都說楚人像獼猴學人樣戴上帽子，卻戴不長久，果然不錯。」

項羽聽了大怒，把說話的人下油鍋烹了。

項羽也派人向楚懷王報告攻占關中的事情。楚懷王說：

「按先前的約定行事！」

這意思是說應讓劉邦做關中王。

項羽聽了懷王的命令大怒，認為懷王不讓他跟劉邦一齊西征入關，偏派他去救趙，是故意要讓劉邦做關中王。

他召集諸將，說：

「懷王是我叔父項梁立的，一點功勞也沒有，有什麼資格頒布這項命令？平定天下，是各位將軍和我項羽在戰場上出生入死立下的功勞，理應把天下土地分封給各位，大家都

做王。」

「是，理應如此。」將軍們都贊成。

於是先奉懷王為義帝，再分封各將軍為王。項羽和范增雖然懷疑劉邦有意擁有天下，但既經和解，又不願違背當初的約定，也當分封劉邦為王。可是，又怕劉邦有奪取天下的野心，於是項羽和范增私下商量。

「巴蜀（四川省）道路險阻，秦的犯人都流放到蜀地。」

「不錯，巴蜀也是關中的一部分。」

商定了以後，項羽立劉邦為漢王，給予巴、蜀、漢中三郡，都南鄭（陝西南鄭）。而把秦的關中地分封給秦的降將章邯等三人，以防阻劉邦入關。

分封天下後，項羽自立為西楚霸王，都彭城，擁有九郡的土地。

項羽回彭城後，派使者到義帝那裡說：「古代的帝王都有千里見方的土地，而且都住在河川上游，請義帝赴長沙郴（ㄔㄣ chēn）縣（湖南郴縣）。」並催義帝迅速啟程赴長沙。義帝啟程後，因群臣紛紛背離，項羽就派人暗殺了義帝。項羽從此掌握天下大權。

六、垓下之圍

——〈項羽本紀〉、〈高祖本紀〉、〈淮陰侯列傳〉、〈留侯世家〉

項羽、劉邦起兵後，爭先進入咸陽。在這場競爭中，項羽落後了，但他以強大的兵力威嚇，使劉邦屈服，統有了天下諸侯。然後依自己的願望重新分封諸侯，而自稱西楚霸王，建都於彭城。

項羽雖然英勇無雙，卻缺乏統御的能力，而又自以為是，造成了以後敗亡之因。劉邦在鴻門宴中雖然被迫屈服項羽，卻有天下之志，自不甘蟄伏於漢中，而他之成功乃在於敗不知餒，又能以諸將謀臣的智慧輔助自己的無能，而在楚、漢相爭五年的拚鬥中，終於獲得最後的勝利。

劉邦反擊

劉邦任漢王赴漢都南鄭時，項羽只讓劉邦率三萬士兵赴任，但楚兵和其他各地的士兵附從者有幾萬人。

劉邦經由山路赴南鄭，張良建議說：

「大王何不燒掉經過的棧道，以表示沒有再回咸陽的意思，好讓項羽放心。」

劉邦接受了張良的建議，所過棧道都燒毀，項羽遂以為劉邦沒有東回的意思。

可是，到南鄭後，有許多將領和士兵逃亡，沒逃走的士兵也都唱歌想念故鄉。而當時逃亡的軍官中包括有擔任治粟都尉（管理軍糧會計方面的業務）的韓信。

韓信是淮陰（江蘇淮陰）人，少年時貧窮，不務正業，常在別人家寄食，為人所嫌，一天一個年輕人嘲笑韓信說：

「你空長個大個子，又喜歡佩劍，其實你心裡害怕得很！」

接著又在眾人面前侮辱韓信：

「韓信啊，如果你不怕死，就用劍刺我；如果怕死，不敢刺我，就從我胯（ㄎㄨㄚˋ kuà）下

鑽過去。」

韓信凝視對方，低頭匐伏鑽過對方胯下。大家看了都以為韓信膽小怯懦。這就是所謂的「胯下之辱」。

項梁起兵後，韓信附從項梁，後投效項羽，曾向項羽獻策數次，項羽都不用。劉邦赴南鄭做漢王時，韓信也背楚逃入漢中，劉邦也不用他。有一次犯法當斬，韓信仰視監斬的夏侯嬰說：

「漢王不是想奪取天下嗎？為什麼要斬有用的人呢？」

夏侯嬰很驚奇，便放了他。約談之下，深為佩服，就把韓信推薦給劉邦，劉邦任命他擔任治粟都尉，並不覺得韓信有什麼了不起。

可是，蕭何跟他談了幾次之後，覺得韓信是個人才。到南鄭後，韓信認為蕭何已經把自己推薦給劉邦，而且推薦了好幾次，劉邦仍然始終不用自己，尋思道：

「劉邦終究和項羽一樣，不會用我，還是去找能用我的人吧！」

韓信離開南鄭，開始逃亡。蕭何聽人報告後，來不及告訴劉邦，親自騎馬去追韓信。

有人向劉邦報告說：

「丞相蕭何也逃走啦！」

「什麼，蕭何逃了！」劉邦大怒，彷彿失去了左右手一般。

過了一兩天，蕭何來見劉邦，劉邦真是又高興又氣憤，罵道：

「你為什麼要逃走？」

「我怎麼會逃！我是去追逃亡的人呀！」

「你追的是誰？」

「韓信。」

劉邦聽了又罵道：

「韓信？逃亡的將領有幾十個，你不去追，偏偏去追小小的治粟都尉韓信，誰會相信？胡說！」

「其他的將領容易得到，至於韓信，實在是舉世無雙、不可多得的將才。如果大王只想在漢中稱王，那當然用不著韓信；如果想要奪取天下，沒有韓信不足以完成大業。只看大王今後的意思究竟如何？」

「我也想向東發展，怎會願意長久悶在這地方！」

「如果大王有意向東發展，那就應該給韓信一個適當的位置，韓信一定會留下。不然的話，他一定還會走的。」

「好，那我看你的面子，任他為將吧！」

「不行，這樣還是留不住。」

「那就任命他為大將。」

「那太好啦！」

劉邦立刻叫人去喚韓信，要任命他做大將，蕭何攔阻道：

「大王向來傲慢無禮。現在要任命大將，怎麼可以像呼喚小孩子一樣？如果一定要拜韓信做大將，就該選擇好日子，設立壇場，以最隆重的禮節任命才行。」

「好，就這麼辦。」

將領們聽說劉邦要任命大將，人人心喜，以為大將的頭銜會落在自己頭上。但是到了任命的當天，想不到大將竟然是治粟都尉韓信，軍中所有人都大吃一驚。

韓信被任命為大將之後，劉邦問道：

「蕭丞相一直推舉將軍，將軍想必有什麼計劃要告訴我吧？」

韓信致謝後，反問劉邦：

「如果大王引兵東征，最大的敵人想必是項羽吧？」

「不錯。」

「那末，大王自認為在勇敢慓悍、對人有禮、軍隊強大這些方面能勝過項羽嗎？」

劉邦靜默了好一會兒，才回答：「比不上他。」

韓信聽了說道：

「我也以為在這些地方大王不如項羽。可是，我曾在項羽底下做事，很了解項羽的為人。項羽英勇豪邁，一怒，眾人莫不懾服，無人能夠抵擋。但不能任用賢將，所以這是匹夫之勇。項羽與人交往，恭敬有禮，洋溢慈和之氣，而且語氣和緩，用字恰當，頗有君子之風；人有疾病，他會流下眼淚，把自己的飲食分給人家，但人有功勞，卻捨不得把爵位分封出去，所以這種仁慈只是婦人之仁。項羽雖然稱霸天下，卻不居關中指揮天下，而把首都遷到彭城，已喪失統治天下的地利；違反義帝的約定，分封和自己親近的人為王，導致六國諸侯不滿。諸侯看到項羽無緣無故把義帝遷到江南，也紛紛驅逐舊主，自立為王；而項羽所過之處，濫殺無辜，人心早已離散，只是怕他的兵威，不敢反抗而已，表面上看來是霸主，實際上項羽已喪失人民的擁戴。

現在，如果大王能夠反其道而行，任用英勇的人為將，又能賞罰嚴明，有功封土，誰不為大王效命。若就現在局勢分析，項羽封章邯等三個秦降將為關中王，實是不智之舉，這三個秦降將把關中人民的子弟帶到戰場，不是戰敗被殺，就是被項羽坑死，唯獨他們三人不僅毫髮無傷，反高居王位，關中老百姓怎會喜歡他們？而大王從武關進入咸陽，沿途不騷擾老百姓；入咸陽後，又能革除秦王苛虐的法律，只頒布三章單純的法規來約束人民，人民有了喘息的機會，都希望大王能在關中為王。現在卻因項羽的專斷，把大王遠封到漢中來，關中人民都覺得遺憾，這正是大王未來爭天下的大好本錢啊！」

劉邦聽了韓信這席析理入微的談論，高興不已，大有相見恨晚之感，也深深佩服蕭何知人之明。接著，劉邦問道：

「局勢既然對我方有利，是不是該立刻起兵入關中？」

「不錯，現在就應該立刻行動。大王在南鄭，等於被項羽流放一樣。而士卒官吏都是中原一帶的人，日日夜夜都盼望回家鄉，現在士氣最高昂，利用這種氣勢一定可以大勝。天下一旦安定，每個人都安於現狀，就不能用來戰鬥，何況關中人都期望大王早日蒞臨，現在出兵正當其時！」

劉邦接納韓信的建議，留下蕭何治理漢中，興兵赴咸陽，輕易地平定了三秦（即章邯等三降將所封的關中地區）。

聽說劉邦已平定關中，正向東方進軍，項羽大怒。這時張良寫一封信給項羽：

「漢王因為失去了應該領有的地方，才想得到關中，現在已得關中，當初懷王所約，已如願以償，不會再向東發展。」

不久，齊、趙兩地背叛項羽。張良又寫信給項羽：

「齊想跟趙聯合滅楚（項羽）！」

項羽接到張良這兩封信，以為劉邦真的不會向東發展，便任命鄭昌為韓王，以防劉邦東進，自己率軍向北伐齊。

項羽領軍攻齊，對劉邦來說正是大好機會，立刻領軍東出，大破鄭昌軍，進軍至洛陽，知道義帝已死，放聲大哭，替義帝舉行喪禮，為義帝服喪三天，然後頒布討項羽檄文：

我們大家一齊擁護懷王為義帝，宣誓向他效忠。項羽卻放逐義帝到江南，又把他殺掉，真是大逆不道。我現在親自為義帝舉行喪禮，諸侯都為他帶孝。我目前率軍攻打彭城，願諸侯王跟我一齊去誅殺那殺害義帝的楚人。

項羽殺害義帝，使劉邦有了攻擊項羽的藉口。

劉邦一敗再敗

漢二（西元前二〇五）年春，劉邦率領五諸侯兵，共五十六萬人，東伐楚。知道這消息後，項羽把攻齊的責任交給部下，自己率領三萬楚兵南下趕赴首都彭城。但是，項羽還沒有抵達，劉邦已攻陷彭城，盡收項羽的財寶美女，連日舉行酒宴，慶

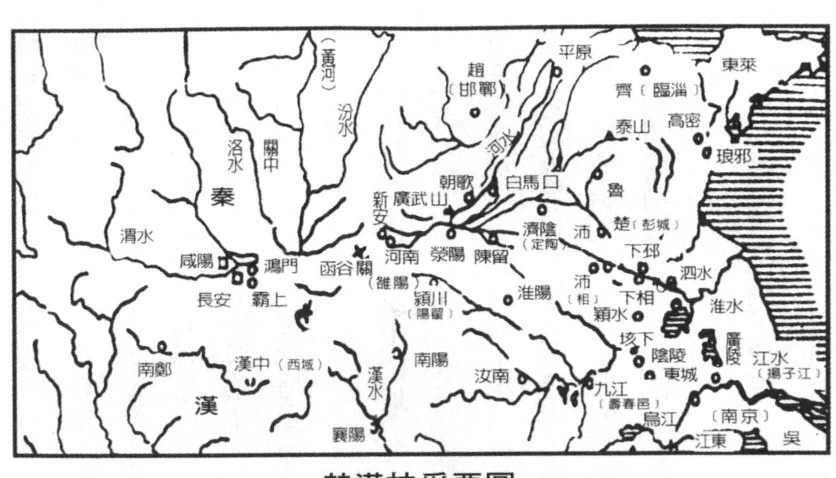

楚漢抗爭要圖

祝勝利。

這時，項羽軍已到彭城西的蕭（江蘇蕭縣），從西進逼，漢軍（劉邦）以為是己軍來援，不疑有他。第二天黎明，項羽發動總攻擊，大敗漢軍。漢軍敗退，楚軍（項羽軍）猛追。漢軍被逼到睢（ㄙㄨㄟ suī）水邊，無路可逃，十多萬漢兵紛紛落入睢水，睢水幾乎無法流動。

於是，楚軍包圍漢王劉邦三圈，眼看劉邦已無法脫身。哪知就在這時，突然颳起大風，飛沙走石，天昏地暗，漢軍乘機反撲，楚軍大亂。劉邦乘隙帶著十多個騎兵逃出，本想經過沛縣，帶著家人一起逃回關中。項羽也派人來追捕劉邦家人。其實，劉邦家人聽說劉邦軍敗，早已逃亡。逃亡途中，劉邦的父親太公和妻子呂雉遇到楚軍，被楚軍逮捕。而劉邦在途中遇到了兒子劉盈和女兒魯元，用車子載著一起逃亡，但後面楚的

騎兵緊緊追逐，為了減輕馬車的重量，劉邦連續三次把兒子和女兒推下馬車，馭者夏侯嬰連續三次把這兩個孩子抱起來。

「不管多緊急，怎麼能拋下孩子？寧可用力鞭馬！」夏侯嬰說。

「對不起，我不再推了。」

劉邦與子女終於得脫險境。當時，劉邦的舅兄呂澤（其後的周呂侯）率軍守下邑（河南碭山東）。劉邦投奔到他那裡，編收了呂澤的軍隊，軍勢才稍壯。這時候，張良也來了，劉邦下馬問張良：

「我想把函谷關以東的地方全部送給人。不知誰能跟我合作打倒項羽。」

「有三個人。九江王英布是楚的猛將，因為稱病不肯跟項羽一起去攻齊，項羽對他懷恨在心，可請人去遊說；第二個是彭越，項羽沒分封土地給他，他跟齊王田榮一起反抗項羽，可跟他連絡；第三個是大王的部將韓信，他可獨當一面。若要把函谷關以東的土地捐出來，可分給這三個人。有他們三個人一定可以擊垮項羽。」

劉邦接納張良意見，派人去跟彭越連絡；又派人去遊說英布，英布果然背叛項羽，投效劉邦。

劉邦離開下邑到了滎陽，英布率軍來投，韓信也收敗兵到滎陽，漢軍勢力重振；靠韓信等人的努力，連敗追逐而來的項羽軍，使楚軍無法越過滎陽西行。

但是，幾個月後，項羽軍又攻滎陽，切斷了漢軍的補給路線，使漢軍糧食大為匱乏。劉邦向項羽請和，願以滎陽為界，以東盡屬項羽所有。項羽有意接受，范增說：

「漢現在很容易對付。如果放過這個機會，不立即加以消滅，以後一定後悔。」

「不錯，確實不錯。」

項羽立刻發兵圍困滎陽。劉邦深以為憂，問陳平（本是項羽的屬下，後受疑歸漢）：

「天下紛擾，要到什麼時候才能安定？」

陳平對天下大勢的分析，大抵與韓信相同，最後說道：

「現在項羽所相信而又有才能的人只有范增、鍾離眜、龍且（ㄐㄩ jū）、周殷等少數幾個人。如果大王肯拿出黃金萬斤去離間他們君臣的關係，必有成效，因為項羽本性多疑，相信讒言，他們勢必因此互相猜忌。大王再引兵攻擊，一定可以滅楚。」

劉邦拿出萬金給陳平，隨他使用。陳平用這些金錢到楚軍進行反間計。項羽果然猜忌范增等人。

項羽的使者到漢營來勸劉邦投降。漢營本來預備了最豐盛的菜餚，要款待來使。但一看到使者，卻故作驚訝狀，說：

「我還以為范增的使者，想不到竟是項王的使者。」

立刻下令把豐盛的菜餚撤走，換上粗惡的菜餚。使者回去後，把經過情形一一告訴

項羽。項羽懷疑范增與劉邦勾結，稍微剝奪了范增的權力。范增知道項羽懷疑自己，大怒道：

「天下大事已經定局了，願大王好自為之。我已是老朽無用之人，請讓我回鄉。」

項羽一氣之下也立刻答應。范增還沒有回到彭城，因背上生疽（ㄐㄩ jū），病發而亡。

陳平的計策雖然成功，但是糧食已無，勢難再堅守下去。這時，漢將紀信對劉邦說：

「事態已經非常緊急，我願做大王的替身去騙項羽，請大王乘隙脫逃而去。」

劉邦接受紀信建議，當晚從滎陽東門放出一群女子，披甲戰士兩千人。紀信坐在天子坐的黃屋車上，車上左邊豎著天子的大旗，說：

「城裡的糧食已經吃光，漢王願意投降。」

聽了這消息，楚軍大呼萬歲。

乘這間隙，漢王劉邦已帶著幾十個騎兵，從滎陽城西門逃出去。

等到車子駛近，項羽見到車中坐的是紀信，問道：

「劉邦在什麼地方？」

「漢王已經逃出去了。」

「什麼，逃出去了？」

項羽知道已經中計，大怒，立刻把紀信燒死。

項羽疲於奔命

劉邦從滎陽逃出，與英布軍會合，到成皋，又被項羽軍包圍，逃回關中，重編軍隊，想再度從函谷關東出。有人向劉邦獻計說：

「漢和楚已在滎陽進行了兩年的攻防戰，漢常陷入苦戰，如果大王從武關出軍，項羽一定會引兵南下攻擊，大王固守不戰，使滎陽、成皋方面的軍隊得以休憩。然後派韓信等渡黃河攻趙地，而與齊、燕兩國聯盟，以分散項羽的軍力，這樣楚疲於奔命，而漢得以休養，然後再一舉東出函谷關，必可滅楚。」

劉邦聽了大喜，說道：

「有理！」

劉邦依計率軍出武關，並盡力補充軍力。項羽果然率軍南下。劉邦堅守不戰。

這時，背楚連漢的彭越，得漢將之助，乘隙渡過睢水，在彭城大敗楚軍。首都危急，項羽只好解除漢王之圍，回師攻彭越，大敗彭越軍。

劉邦隨即引軍向北到成皋，準備由此東進。項羽破彭越軍，立刻引軍西向，拔滎陽圍

成皋。劉邦逃走。

可是，劉邦派往北方的大將韓信已攻占齊、趙，準備擊楚。項羽派出大軍去攻打韓信，反為韓信所敗。彭越又在梁地進行游擊戰，不時切斷楚的補給路線。

項羽只好留下部屬守成皋，自己率軍去攻打彭越。項羽一走，劉邦軍又攻下成皋，進軍滎陽。項羽只好再回師攻劉邦。劉邦逃到滎陽的廣武山，與楚對峙。

這時，韓信已平定齊地，遣使對劉邦說：

「齊人詭詐多變，反覆無常，而南邊又有楚軍，不設臨時的王來鎮撫，很難使它穩定。我願臨時擔任齊王。」

當時，劉邦正受困廣武，看了韓信的信，大怒罵道：

「我受困在這裡，日夜盼望你來助我，竟然想自立為王！」

張良、陳平立刻踩了劉邦一腳，附耳輕聲說：

「我們現在正居於不利的地位，怎能禁得住韓信稱王？倒不如藉這機會立他為王，好好對待他，使他能守住齊地。否則馬上會發生變故。」

劉邦恍然大悟，便接著罵下去：

「大丈夫要做嘛就要做真王，怎麼竟要做起臨時的王？真沒出息！」

於是，派張良赴齊，立韓信為齊王。韓信大為感動。因而項羽雖曾遣人去遊說韓信，

願跟他分天下而王，齊人蒯（ㄎㄨㄞˇ kuǎi）通也勸他背漢獨立自主；韓信都因劉邦立他為王，不肯背漢自立。

楚軍和漢軍在廣武山相持數月。這時，彭越不斷推動遊擊戰，切斷楚的補給路線。如果這種狀況一直持續下去，楚的糧食必然吃盡，對楚極為不利。而項羽率領著士兵東征西討，南戰北伐，已疲於奔命，士兵也疲憊不堪。項羽實在希望立刻一決勝負。於是做了一個高臺，把劉邦的父親太公放在臺上，對劉邦說：

「你不快投降，我可要烹你父親囉！」

「好呀，要烹就烹吧。我跟你受命懷王，結為兄弟，我的父親就是你的父親，你一定要烹你的父親，希望能分一杯肉羹給我。」

項羽聽了大怒，要殺劉太公，項伯勸道：

「天下事還沒分曉，勝負未可知。要爭天下，是可以不管家人的，殺了又有什麼好處？反會遭惹天下人恥笑，有害無益。」

項羽終於沒殺劉太公。

可是，楚、漢相峙依然持續，楚兵銳氣已逐漸喪失。於是，項羽對劉邦說：

「天下騷擾了這麼幾年，都是因為我們兩個人的緣故。我們兩個何不單打獨鬥，一決勝負？這樣可以使老百姓免受其苦。」

項羽命令強壯的士兵到陣前向漢營挑戰。漢營中有一個住在現在山西西北邊的樓煩人，精於騎術，且有百發百中射箭之能。楚挑戰三次，三次都被這樓煩人射殺。項羽大怒，親自披甲持殺上陣。樓煩人提弓引箭，正要射出，項羽瞪目怒吼，樓煩人不敢抬頭看項羽，箭也射不出去，嚇得退回營裡，不敢再走出來。漢王一問之下才知道剛才出來挑戰的原來是項羽。於是劉邦和項羽隔著廣武山澗相對而言，劉邦罵項羽說：

「我寧願鬥智，不鬥力！」

劉邦笑著說道：

「你有十大罪，你知道不知道？我替你數數吧。我劉邦跟你受命懷王，相約先入關中的為王；我先入關中，你卻封我到蜀漢，不履行懷王之約，是你的第一罪。藉故殺宋義，自任高職，是第二罪；你既救趙，理當向懷王報告，卻劫持諸侯入關，是第三罪；懷王囑咐入關後不能使用暴力，你卻燒秦宮室，取其物品，是第四罪；你又無故殺害秦降王子嬰，是第五罪；坑秦兵，封其降將為王，是第六罪；封自己喜歡的將領為王，而驅逐原來的諸侯，以致臣下紛紛叛變，是第七罪；把義帝逐出彭城，而以彭城做自己的都城，又奪韓王土地，兼併梁、楚，以滿足自己欲望，是第八罪；派人暗殺義帝，是第九罪；做人臣，而殺其主子，又殺害投降的人，為政不公平，不守信約，已為天下所不容，實為大逆無道，是第十罪。我率領義軍誅殺殘暴的人，令劫後餘生的人殺你項羽就夠了，何必跟你獨鬥呢？」

劉邦說來似乎義正辭嚴，事實上他的野心並不下於項羽，其殘酷也不在項羽之下。只是在處處居劣勢的狀況下，他不能不以寬仁來對付項羽的自大。他對秦宮室美女的欲望絕不下於項羽，他欲擁有天下的野心，更不下於項羽，只因項羽自以為已領有天下，才使殘酷面全部顯露出來。這跟劉邦領有天下後殘殺功臣的作風並沒有太大差異。不過，在這場合，劉邦所數落的項羽十大罪不能不說有其事實背景。

因而項羽聽了不禁為之語塞，憤然大怒，拔箭射劉邦，中劉邦胸部，痛得彎下腰來，劉邦當場按著腳說：

「唉呀！射中了我的腳趾。」

劉邦創發臥病不起。張良硬要劉邦起來勞軍，以安士卒之心，以免為項羽所知，趁機攻擊。

這時，漢軍糧食充裕，但屢次戰敗，而項羽因受彭越在後方騷擾，糧少兵疲，所以經劉邦的求和，彼此遂訂了和約，中分天下，鴻溝（在滎陽附近）以西屬於劉邦，以東屬於項羽。項羽也把劉邦的父母妻子送還。

項羽訂約後，引軍東歸。劉邦也想領軍西還，張良和陳平說：

「我們已擁有天下大半，諸侯也都歸附。而楚軍糧食已吃光，士兵都疲憊不堪，這正

是滅楚的好時機，若不趁這機會攻擊，以後再難有這麼好的機會了。」

不久前才指摘項羽背約的劉邦，現在自己也聽從張良等的說法，背約追擊。同時與韓信、彭越相約共同攻楚。追到固陵（河南淮陽西北），韓信與彭越卻沒領軍來會。項羽回頭反擊，又大破漢軍。

劉邦立刻躲進城裡，挖濠溝自保。面臨這種窘境，劉邦問張良道：

「韓信和彭越都不肯履約來會，怎麼辦？」

「楚軍眼看著快要全軍覆沒，而大王未封給他們絲毫土地，他們不來是理所當然的。大王如果能夠跟他們平分天下，他們立刻就會來。如果不捨得將土地分封給他們，以後會怎樣發展，就不得而知。如果大王把陳（河南淮陽）以東到海的土地封給韓信；睢陽（河南商邱）以北到穀城（山東東阿）的地方分給彭越，讓他們各自為戰，楚沒有不敗之理。」

「好，就依你所說。」

劉邦派使者去分封韓信和彭越。

韓信和彭越都說：

「馬上就進軍！」

垓（ㄍㄞ gāi）下之圍

漢五（西元前二〇二）年，項羽軍退到垓下（安徽靈壁東南）時，韓信從齊率軍抵達；劉邦從兄弟劉賈於途中跟韓信軍會合。項羽屬下大將周殷背叛項羽，領九江一帶的軍隊，跟彭越等一齊到了垓下。

項羽軍困守垓下，漢軍與諸侯軍圍了好幾重。項羽軍中士兵非常少，糧食又不夠，忽然晚上聽到四面有人唱楚歌。項羽嚇了一大跳：

「難道漢軍已占領楚地了？要不然，楚地的人怎麼會這麼多？」

這就是所謂的「四面楚歌」，也顯示項羽孤立無助的處境。

項羽醒來在帳幕中飲酒。

項羽有一個心愛的美人，姓虞，後人稱為虞美人；還有一匹千里馬，名叫騅（ㄓㄨㄟ zhuī），永遠不離他的左右。

這時，項羽忍不住滿懷悲憤，對著虞美人，高聲唱著自己所作的歌：

力拔山兮氣蓋世，
時不利兮騅不逝！
騅不逝兮可奈何？
虞兮虞兮奈若何？

力氣能拔起高山，氣概橫絕一世，
可是，天時不利於我，連烏騅馬也難再奔馳！
烏騅難再奔馳，怎麼辦呢？
虞姬啊！虞姬啊！我要怎麼安排妳？

虞美人也和聲而唱，氣氛淒涼。項羽不禁淚下數行，真有「英雄氣短」之概，「英雄末路」之悲。士兵們也都低頭流淚哭泣。

當晚，項羽騎上烏騅馬，率領八百名親信騎兵，突圍向南奔馳而去。黎明時，漢軍才發覺，劉邦命令騎兵隊長灌嬰率領五千騎兵追逐。

項羽渡過淮水，跟來的騎兵只剩一百多人。走到陰陵（安徽定遠縣西北）後，又迷了路。這時有一農人在田中工作，項羽向他問路，農夫說：

「向左走！」

向左行，便陷入了泥濘地，終於被漢軍追上。

項羽走回頭，向東奔馳，到東城（安徽定遠縣東南），跟從的騎兵只剩下二十八人。

追逐的漢騎兵卻有幾千人。

項羽自料這次已逃不掉，便對他的部下騎兵說：

「從我起兵抗秦到現在已經八年了，身經七十多場大小戰役，從來沒有一次打敗仗，才能稱霸天下。想不到今天卻遭遇到這種處境，這實在是上天要滅亡我，並不是我不會打仗啊！今天免不了一死，但是我要痛痛快快打一場仗給你們看，一定要打勝敵人三次。我要為你們突破重圍、斬掉他們大將的頭、砍倒他們的軍旗！讓你們知道這是上天要滅亡我，並不是我不會打仗！」

他把部下二十八人分成四隊，分別向著不同的方向，然後對部下說：

「我為你們斬敵將一人！」

說罷命令部下從四面奔下，約定在山的東邊分三處集合。

項羽催動烏騅馬，大呼一聲，直往下衝，重重包圍的漢軍大吃一驚，不敢抵擋，果然殺了一員漢將。

這時候，漢的騎將楊喜逼近項羽。項羽回頭瞪目大吼一聲，楊喜人馬俱驚，一直退了好幾里路才停得下來。

項羽又和他的部下會合。這時候，項羽的部下分成三隊，漢軍不知道項羽在哪一隊，便把軍隊分成三部分，再把項羽他們包圍起來。項羽又策馬奔馳，斬了一員漢軍都尉，殺了八九十人。接著項羽他們又會合，經過這場廝殺，項羽只失去了兩個部下。項羽望著部下說：

「怎麼樣？」

「確實如大王所說。」部下都心服口服。

項羽率領部下到了烏江（安徽烏江），準備從這裡渡過長江，回到他的故鄉楚國。烏江亭長已準備好船隻等待項羽，說：

「江東地方雖然不大，卻也有千里，百姓也有幾十萬人，也足以稱王了。請大王趕快上船！這裡只有我有船，漢軍追來，沒有船就追不上！」

項羽笑著說道：

「上天要滅亡我，我還渡江做什麼？當年，我率領江東子弟八千人，渡江往西爭奪天下，現在卻沒有一個活著回來。即使江東的父老可憐我，再讓我做王，我又有什麼臉去見他們？即使他們不說，我心裡難道不慚愧嗎？我知道你是個忠厚的好人。這匹馬我已經騎了五年，從來沒有遇見過對手，牠曾經一天跑了一千里路程。我不忍心殺牠，就送給你吧！」

然後，項羽命令部下下馬，拿短兵器跟追來的漢軍交戰。僅項羽一人所殺的漢軍就有幾百人。項羽自己也受了十幾處傷。突然回頭看見漢的騎兵司馬名叫呂馬童的。這人本來

是項羽的部下，後來投靠了劉邦。項羽對他說：

「你不是我的老朋友嗎？」

呂馬童不好意思地背轉臉，指著項羽對王翳說：

「他就是項羽。」

項羽又對呂馬童說：

「聽說劉邦用重金和大塊土地懸賞收購我的頭，我就把這人情送給你吧。」

說完話，項羽當場舉劍自刎而死。

王翳跑過來，搶了項羽的頭。其他的騎兵也為爭取項羽的遺體互相廝殺。最後，楊喜與呂馬童等四人搶得了項羽的四塊軀體。把王翳搶得的頭跟其他四人搶後的軀體合起來，果然是項羽。於是劉邦就把萬戶的土地分作五部分後分給這五個人。劉邦以項羽最初封號魯公的禮節埋葬了項羽，哭祭了一場，內心想必是無限的高興。

綿延五年的楚、漢之爭終於結束，劉邦獲得最後的勝利，建立了漢朝。但司馬遷筆下的項羽不失為「一代英雄豪傑」，所以司馬遷特為他立傳，配在帝王的「本紀」裡。司馬遷腦海裡似乎沒有「敗者為寇，勝者為王」的觀念。

七、稱帝行賞與功臣叛離

——〈高祖本紀〉、〈蕭相國世家〉、〈留侯世家〉、〈陳丞相世家〉、〈淮陰侯列傳〉、〈魏豹彭越列傳〉、〈黥布列傳〉

項羽之敗，司馬遷認為是剛愎自用所致。但仔細分析，其敗約有數端：

㈠項羽是性情中人，凡事易於衝動；對人雖有禮而情深，但是一衝動就無法控制，以致常常濫殺無辜，造成人心背反。

㈡因是性情中人，以致不知算計，對不合己意的人不能善加籠絡利用，反而把這些有能力的人驅向劉邦。

㈢獨斷獨行，不肯聽人言，這跟他出身貴族，自視甚高，瞧不起人有密切關係。換言之，他武勇過人又具軍事才華，但這些稟賦反而使他恃才傲物，更進一步發展為嫉才妒

能，以致不能知人用人。

㈣年紀輕也是造成他感情衝動的原因之一。垓下之圍時，項羽才三十一歲，劉邦已五十六歲。而劉邦是從無賴中混出來的，人情世故懂得多，知道人心機微，自知無能，有利於己的意見都能接受，這是劉邦成功的原因。

但是劉邦猜忌心也十分強烈，統一天下後尤其如此，功臣人人自危，張良所推薦的三大軍事功臣韓信、英布與彭越，大半都是因劉邦的猜忌而被逼起兵造反。

論功行賞

漢五（西元前二〇二）年二月，劉邦打倒項羽後，在群臣推舉，劉邦自己三次謙讓後，終於登上皇帝位，是為漢高祖。經過七年的戰亂，皇帝的稱號在秦代之後再度出現在中國土地上。

劉邦稱帝後，立刻分封功臣。

垓下之圍結束，韓信從垓下撤軍到定陶，劉邦不事先通知，直接驅車衝入韓信陣中，奪其將印，自率韓信軍隊。稱帝後，劉邦說：

「楚本來是義帝的領土，但義帝沒有後代。而韓信熟知楚地的風俗習慣，應代義帝統治楚。」

於是韓信由齊遷到楚，都下邳，稱楚王。

接著封彭越為梁王，統治梁地，都定陶；淮南王英布、燕王臧荼和趙王敖都依然襲其舊地。

天下安定後，劉邦建都洛陽（後遷長安），諸侯都以臣出仕。一天，劉邦在洛陽南宮舉行勝利酒會。劉邦說：

「希望各位不要隱瞞，說說你們的意見。我為什麼能夠擁有天下？項羽為什麼會失去天下？」

「陛下傲慢瞧不起人；項羽仁慈有情。但陛下能把敵城敵地賜給有功的人，不獨自占有；項羽嫉妒賢能的人，有功不賞，反而遭嫉，所以失去天下。」

「你們只知其一，不知其二。在戰陣中出主意，定戰略，而能透視未來局勢，我比不上張良；安定國家，撫慰人民，補給路線絕不出紕漏，我不如蕭何；能統御百萬大軍，衝鋒陷陣，戰無不勝的，我不如韓信。有這三個了不起的人物，我又能用他們，這才是我擁有天下的原因。項羽只有一個范增，卻不能用，所以才會失敗。」

眾臣聽了默默無語。

劉邦分封時，群臣爭功，都以為自己的功勞最大。劉邦卻認為蕭何功勞最大；封為酇（ㄗㄢˋ zàn）侯，食邑最多。功臣們都很不滿，說：

「我們衝鋒陷陣，多的至少打了一百多場仗，少的也有數十回。攻占的城池雖有大小之別，也都是我們努力得來的。蕭何不曾上過戰場，毫無汗馬功勞，只不過一個單純的文官，功勳卻在我們之上，這是什麼緣故？」

「你們知道狩獵嗎？」

「知道。」

「知道獵犬嗎？」

「知道。」

「好，那我們以狩獵為例。狩獵時，追殺野獸的是狗；指示野獵所在地的是人。你們充其量只是抓到走獸的功狗而已。至於蕭何，則是發現野獸足跡，指示追縱路線的人，是有功之人。你們有的獨自追隨我，有的也只不過兩三個族人追隨我，而蕭何舉全族數十人一起追隨我上戰場。功勞怎能說不大！」

群臣不敢再說，但他們聽到「功狗」兩字，內心不知做何感想？

戰爭時，蕭何居後方支援，而張良則以謀臣隨行。劉邦說：

「張良出計謀，定戰略，能預見未來的情況，功勞相當大，由你自己在齊選擇三萬戶做食邑吧！」

「我從下邳起事，與陛下在留（江蘇沛縣東南）會面，使我得以跟從陛下，而陛下又能採用我的計策，很幸運我的計策未出意外，因而只要把留封給我就好，我不敢領有三萬戶。」

群臣爭功，惟獨張良謙讓，劉邦功臣最後多不得好死，獨張良能壽終正寢，不愧為眼光深遠的謀臣，想必他很了解劉邦的心理。

第二年，劉邦已封功臣二十多人，其餘功勞較小的臣子仍然互相爭功不休。一天，劉邦在洛陽南宮，從迴廊上看到諸將坐在沙上熱切交談。

「他們談些什麼？」劉邦問隨從人員。

「陛下不知道嗎？他們在商量造反呀！」張良回答。

「天下已經安定了，為什麼還要造反？」

「陛下以平民身分起兵，率領他們爭奪天下。現在陛下已為天子，但所封的都是曹參、蕭何等舊識的人，所殺的全是平時怨恨的人。現在若要計功全部行賞，天下土地也不夠分配。他們怕陛下不能全封，就會找過去的碴（ㄔㄚˊ chá）子誅殺他們，所以聚會商議造反。」

劉邦憂形於色：

「那該怎麼辦呢？」

「陛下平時最討厭，而群臣都知道的是誰？」

「是雍齒。還沒有起兵的時候，我們已結下梁子。他常常使我受窘，我本來想殺他，因為他有不少功勞，不忍心殺他。」

「那現在趕快封雍齒，群臣見了心裡就會踏實得多。」

劉邦馬上召開宴會，封雍齒為什方侯（什方在四川成都西北）。同時藉此機會命令丞相、御史計功行賞。

酒宴後，群臣見雍齒已封，都高興地說：

「連雍齒都分封為侯，我們不必害怕了。」

由於張良的建議，劉邦終於預先防止了群臣的叛變。

韓信叛變

劉邦雖然預防了群臣叛變，但他內心對功臣的猜忌一點也沒消失，反而有日益增強之勢。密告、中傷的信函也不時送到劉邦手上。

漢五年，楚王韓信赴下邳就封。有人上書向漢高祖劉邦密告說：

「楚王韓信正準備造反。」

劉邦看了也不查明真相，就召集諸將商討對策，諸將都說：

「急速發兵征伐叛逆。」

劉邦靜默良久，過後召陳平問道：

「有人上書說韓信要造反，諸將都說要趕快派兵征討，我遲疑不能決定，你以為如何？」

「有人上書說韓信造反，除了諸將之外，有沒有人知道這件事？」

「沒有。」

「韓信知道不知道？」

「不知道。」

「陛下的兵和韓信的兵，哪一邊比較強？」

「我方不如。」

「陛下的將領在用兵方面比得上韓信嗎？」

「不如韓信。」

「現在兵和將都不如韓信，起兵伐韓信，可真危險喲！」

「那該怎麼辦？」

「以前，天子常出巡天下，會見諸侯。南方有雲夢，陛下可偽裝出巡雲夢，會諸侯於陳。陳在楚的西邊，韓信聽說天子出遊，一定不會有所戒備，會來迎接陛下。韓信一到，陛下就乘機逮捕，只要一個大力士就足足有餘了。」

「好，就這麼辦。」劉邦頷首。

劉邦立刻派遣使者赴全國各地，約諸侯會於陳：

「我將啟程赴雲夢一遊！」

使者啟程當天，劉邦也出發南行。

韓信並不知道劉邦這次出遊是專為自己而來。起初，韓信赴楚就封時，項羽的逃將鍾離眛因與韓信相交甚篤，便來投奔依附韓信。而劉邦對鍾離眛沒有好感，知道他在楚，曾命令韓信逮捕鍾離眛，韓信沒有答應。

因而，劉邦這次出遊，韓信有不祥之感：

「我應該起兵造反嗎？但我向來沒有犯過罪，如果去謁見劉邦，劉邦可能藉機逮捕我，怎麼辦好呢？」

韓信左思右想，總是遲疑不決，這跟他率兵衝鋒陷陣的果斷實在大不相同。這時，就有人向他建議說：

「皇上最討厭鍾離眛，如果大王斬鍾離眛去謁見，皇上一定高興，想必不會有事。」

韓信於是約見鍾離昧，把部屬所說的話告訴他。鍾離昧說：「漢所以不起兵攻打楚，是因為我鍾離昧在你這裡，而我們都是善於作戰的人。你如果想殺我來討好劉邦，我死了，你也會跟著被殺。」頓了一下，罵道：「你實在不是好人，我看錯你了。」

罵完，鍾離昧就自刎而死。

韓信帶著鍾離昧的首級到陳謁見劉邦。韓信一到，劉邦就發動埋伏的武士逮捕他，載在隨從的車上。韓信說：

「人家說：『狡兔死，良狗烹；高鳥盡，良弓藏；敵國破，謀臣亡。』果然說得不錯，天下已經統一，我本來就該死了。」說得又氣憤又淒涼。

劉邦聽了回首說道：

「少囉嗦！有人上告說你要造反！」

劉邦手下把韓信戴上鐐銬。到了洛陽，劉邦沒收了韓信的封地，把韓信降為淮陰侯，拘留在洛陽。

韓信知道劉邦向來嫉妒自己的才能，因而常假裝生病不上朝。心裡鬱鬱不樂，也不願意跟劉邦的狐群狗黨為伍。有一次韓信到樊噲將軍家中去，樊噲跪拜迎送，自稱臣，說：

「大王肯到臣家來，真是光榮之至。」

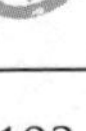

韓信離開樊噲府邸後，苦笑道：

「想不到我竟與樊噲這批人並肩為伍啦！」

有時，劉邦也常跟韓信交談。談話時，常討論到諸將的才能。劉邦問韓信：

「像我能率領多少軍隊？」

「陛下最多只能率領十萬人。」

「你呢？」

「我嘛，越多越好。」

「既然如此，為何還會被我逮捕？」

「陛下不能率軍，卻能善於控制將領，這就是我所以被陛下逮捕的緣故。而且陛下能有今天，實在是運氣好，別人怎麼趕得上！」

一天，陳豨（ㄒㄧ xī）受命擔任防邊北方邊境的鉅鹿守，來向韓信辭行。韓信支開左右，拉著陳豨的手，在庭院散步，仰天嘆息說：

「不知道你能不能聽我說。我有話想跟你說。」

「是，請將軍不用客氣，盡量說吧！」

「鉅鹿是精兵所在，陛下肯派你去擔任郡守，足以顯示陛下對你的信賴，如果有人說你要造反，陛下一定不會相信；再有人來密告，陛下會懷疑；第三次來密告，就會大怒，

立刻親自率兵出征。這時，我必在京城跟你相呼應，天下就屬於我們的了。」

陳豨向來很崇拜韓信的才能，便接受韓信的建議。

過了幾年，到漢十（西元前一九七）年，果然有人向高祖劉邦陳述陳豨蓄養賓客，劉邦便暗中派人去調查。此事為陳豨所知，深覺不安，想起了韓信的話，便起兵造反。

劉邦知道後，立刻親自率兵出征，韓信稱病不肯隨行，卻暗中派人到陳豨那裡：

「你儘管起兵，我在都城跟你呼應！」

韓信召集家臣會談，當晚假借劉邦的命令釋放各地的囚犯。部署已經完成，準備陳豨有消息捎來，就發兵攻擊呂后（呂雉）和太子劉盈。

可是，韓信家中有一舍人得罪了韓信，韓信把他關了起來，舍人的弟弟為了要救哥哥，便把韓信謀反的事向呂后密告。呂后想召韓信入見，又怕韓信不來，便與蕭何商量，蕭何說：

「可派人假裝從陛下那邊來，說陳豨已死，讓群臣入宮道賀！韓信來賀，就下令逮捕他。」

於是，呂后偽稱陳豨已死，群臣都入宮道賀。

蕭何騙韓信說：

「即使生病，也該勉強入宮道賀。」

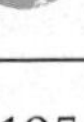

韓信一入宮就被埋伏的武士逮捕，立即斬於長樂宮懸鐘的室內。臨斬前，韓信悲憤地嘆道：

「真後悔沒聽蒯通等人的意見，才落得今日被女子、小人所騙的局面。這難道就是命嗎？」

韓信被斬。韓信父母、妻子娘家和兒子三族人都被殺光。

彭越與英布的末路

韓信與彭越、英布是助劉邦打倒項羽的三員大將。韓信有軍事天才，自項羽敗後，就為劉邦所忌。其必死乃理所當然。而彭越與英布也可以說是劉邦的眼中釘，非拔之不可。

陳豨叛變，劉邦率軍到邯鄲，向梁王彭越徵調部隊，彭越稱病不往，只派部將率軍支援。劉邦大怒，派使者指責彭越。彭越大為驚恐，怕劉邦懷疑自己要造反，想親自赴邯鄲致歉。彭越部將扈輒（ㄓㄜˊ zhé）說：

「大王起初稱病不去，皇上一指責，大王就去。一去，必被逮捕。不如起兵造反算了。」

彭越不肯聽，仍然稱病不去。這時他有個部屬因觸怒彭越，逃到邯鄲，向劉邦密告

說：

「彭越和扈輒意圖造反。」

對劉邦來說，這正是一個大好機會。劉邦派遣使者到彭越那裡，彭越不疑有他，毫無戒備地出來迎接使者，使者乘隙抓住了彭越，送到洛陽審判。

審判的結果，認為彭越有叛意。劉邦把他發配到四川做平民。路上遇到呂后從長安來。彭越向呂后哭訴自己並無叛意，希望讓他回到故鄉。呂后答應。

呂后帶著彭越到了洛陽，對劉邦說：

「彭越是個傑出的勇士，讓他到四川，等於縱虎歸山，把他殺掉算了。我已經把他帶回來了。」

於是，呂后叫人密告彭越又要造反。劉邦下令殺彭越及其父母、妻子與兒子三族人。

劉邦殺了大功臣韓信和彭越，英布不由得心驚起來！

劉邦不僅殺了彭越，還把彭越醃起來，割醃肉分送諸侯。醃肉送到英布那裡，英布正好從狩獵場回來，看了大為驚慌，暗中派人到邊境打聽消息。

這時，英布有個心愛的美姬，常赴醫生那裡就醫。醫生的家跟英布的中大夫賁（ㄅㄣ bēn）赫的家相對。賁赫為了希圖升官，常送厚禮給這美姬，也在醫生家宴請美姬。美姬便在英布面前讚揚賁赫。英布問她：

「妳怎麼會認識賁赫？」

美姬把賁赫對她的殷勤告訴英布。英布覺得其間大有問題，要逮捕賁赫。賁赫逃到長安，上書劉邦說：

「英布意圖謀反，可先發兵誅殺。」

劉邦看了之後，對蕭何說：

「有人說英布要造反。」

「英布不可能會造反，可能有仇家故意這麼說，最好先把賁赫關起來，再派人去調查。」

英布發現賁赫逃亡，已經心懼，現在又見漢使來調查自己，知道劉邦懷疑自己，便起兵造反。

劉邦親自率兵攻英布，兩兵相遇，英布軍勢甚大，劉邦退守庸城（安徽宿縣西）。從城上，劉邦看見英布的布陣很像項羽，深覺厭惡。他在城上看見英布，問道：

「英布，你何苦要造反？」

「哼，你劉邦還不是靠我們打天下的嗎？沒有我們，你哪裡當得成天子？你聽信讒言，只要一有人密告，就想殺害功臣。韓信有什麼罪？只不過聽人密告，你就奪爵削封逼人造反。彭越又有什麼罪？還不是因為人密告，就逮捕彭越，以莫須有的罪名殺他，還殘忍地把彭越醃起來，割肉分送諸侯。你不僅粗暴，簡直比項羽更殘忍十倍。你問我何苦造反，

告訴你，我也想當皇帝呀！」

劉邦聽了大怒，立刻發兵與英布大戰。經過幾次大戰，英布不能取勝，便帶著百餘人逃向江南，途中投宿在民家時被農民殺害。

至此，高祖劉邦立國三大功臣都被殺害。除此之外，異姓諸侯，如燕王臧荼、韓王信等，都因受疑造反或死或逃。連劉邦童年的朋友盧綰受封燕王後，也因受疑造反，敗逃匈奴。

異姓諸侯王消滅後，劉邦即多封劉氏子弟為諸侯。

八、掌握漢家天下的女人

——〈呂太后本紀〉、〈留侯世家〉、〈陳丞相世家〉

劉邦（漢高祖）建立漢朝，即帝位七年後就去世了。劉邦一死，漢家天下逐漸由呂后（呂雉）掌握，呂家人接連被封為諸侯，或升任政府高官，而劉邦與其他妻子所生的兒子一個個被殺害。

呂后掌權的最主要原因是，呂后與劉邦的愛妾戚夫人為推舉各人所生的兒子為太子，展開了激烈的政治競爭。呂后在這場政治競爭中獲得了最後勝利。政治競爭的勝利帶給呂后掌權的機會。本章即以呂后的一生為主題，看看呂后掌握天下大權的過程。

立嗣問題

高祖劉邦在沛縣還沒有成名的時候，娶呂雉為妻，生了一男一女，男的叫劉盈，即其後的漢惠帝；女的即是以後的魯元公主。劉邦打倒項羽，即帝位後，呂雉順理成章做了皇后，就是呂后。劉盈是嫡子，也順理成章做了皇太子。劉邦被項羽封為漢王以後得到了定陶的美姬——戚夫人，戚夫人很得劉邦的寵愛，也生了一個兒子劉如意，後封為趙王。

太子劉盈為人心地善良，但缺乏豪邁氣概。劉邦常想：

「阿盈這孩子很不像我，缺乏一股英氣。如意倒很像我，可愛極了，還是改立如意為太子吧！」

而呂后年紀老，姿色日衰，即使想見劉邦，劉邦也藉故避開。戚夫人卻常隨劉邦到關東地方。一離開關中，戚夫人就日夜哭泣，請立兒子如意為太子。劉邦也有好幾次想廢太子，另立如意。大臣雖力爭，劉邦仍然沒有動搖改立的心意。於是有人對呂后說：

「可以請張良去說說。他有智謀，又得皇上信任，可能有辦法使皇上改變心意。」

呂后立刻把哥哥呂澤叫來：

「哥哥，皇上一直想另立太子，我們想不出辦法來阻止這件事，請你去問問張良，看有沒有什麼好辦法？」

呂澤去見張良，說明來意後，說道：

「你是皇上的謀臣，所說的話皇上都肯聽，現在皇上要另立太子，你怎能置之不管呢？」

「以前，皇上在危困時，常找我商談，我也提出了意見，幸蒙採用。現在天下已大定，皇上已不再問我意見，而且皇上基於父子的情愛，要另立太子，即使我們大家一起出來講話，也沒有用。」

「既然如此，不知有沒有其他辦法？」

「這種事情很難用語言來爭取。不過皇上曾經想聘用四個人，這四個人都不肯應聘，因為他們認為皇上傲慢瞧不起人，所以逃到山中藏起來，不願出仕漢朝。皇上反而因此極端推崇這四個人。如果你不惜金銀財寶，請太子謙虛真誠寫信請這四人來，他們大概會來。來了之後，就以上賓之禮好好對待，讓他們常常陪太子上朝，皇上看了一定覺得奇怪，就會問是誰？皇上知道是這四人後，可能會有功效。」

「這四人是誰？」

「是東園公、角里先生、綺里季、夏黃公，他們年紀都很大了。」

這四人就是世上一般所說的「商山四皓」四位隱者。呂澤回去把張良的計策告訴了呂

后。呂后立刻命令呂澤派人帶著太子親筆信函，拿著厚重的禮物去敦請四皓。四皓果然來了，住在呂澤府上。

漢十二（西元前一九五）年，高祖劉邦征英布回朝，卻已患病，而且病勢越來越嚴重，更換太子的意思也越來越強烈。張良勸諫，不聽，太傅叔孫通引經據典陳述太子不該隨便更換，劉邦表面答應，仍然一心一意要改易。

一天，在宮中舉行酒宴，太子陪侍。太子後面跟著四個八十多歲，鬚眉全白的老人家，衣冠都非常莊肅。

劉邦看了覺得很奇怪，便問道：

「你們是什麼人？」

四人各報出了自己的名字。劉邦更加驚訝。

「原來是你們！我找你們找了好幾年，你們都避不見我，現在怎麼出仕我兒子啦！」

「陛下瞧不起讀書人，喜歡亂罵人，我們有什麼理由要挨罵？所以才怕得藏了起來。聽說太子為人仁慈孝順，恭敬有禮，又能禮遇讀書人，大家莫不期望能為太子效命，所以我們來了。」

「呵，原來如此。」劉邦說，「煩勞你們以後多多照顧太子。」

四老人敬酒後即離去。劉邦目送他們，把戚夫人叫到身旁，指著他們說：

「我雖然很想廢太子另立，但有他們四人輔佐，太子羽翼已經長成，很難更動啦。唉，呂后真是你的主人啊。」

劉邦一副莫可奈何的樣子，戚夫人聽了不禁哭起來。

劉邦說：

「妳為我跳楚舞，我為妳唱楚歌。」

歌詞是這樣：

鴻鵠高飛，	鴻鳥高飛，
一舉千里。	遠至千里，
羽翮（ㄏㄜˊ hé）已就，	羽翼已成，
橫絕四海。	四海都可去。
橫絕四海，	四海無處不可往，
當可奈何？	還有什麼法子呢？
雖有矰（ㄗㄥ zēng）繳，	雖有箭矢，
尚安所施！	又有何用！

戚夫人滿臉淚水，哀聲泣泣。劉邦終於不再廢太子另立，呂后也放下了一樁心事。

呂后報仇

兩三個月後，高祖劉邦去世，太子盈繼位，是為惠帝。惠帝為人柔弱仁慈，政令皆出於呂后。

呂后因立嗣問題極恨戚夫人和他的兒子如意。如意已由劉邦封為趙王，在邯鄲。呂后先把戚夫人囚在後宮的牢獄裡，然後派使者去叫趙王到都城長安來。使者往返三次，趙相周昌才對使者說：

「趙王年紀幼小，高祖把他託付給我。聽說太后怨恨戚夫人，也想把趙王一併殺掉，我不敢讓趙王回去。而且，趙王剛好染病，也無法奉詔回京。」

呂后聽了使者的報告，非常生氣，便藉故把趙相周昌叫到長安，然後又派人把趙王叫來。

惠帝劉盈心地善良，知道母親有意要殺趙王，便親自到霸上去迎接趙王。入宮後，一直不離趙王左右，起居飲食都在一起。呂后想下手也沒有機會。

一天，惠帝清晨出去狩獵。趙王如意起不來，無法跟去。呂后聽說趙王一個人在宮裡，便叫人拿毒藥給他喝。惠帝回來時，趙王已死去很久。

呂后毒死趙王後，便對付戚夫人。她叫人把戚夫人從牢中提出來，砍斷夫人四肢手腳，挖掉眼睛，用熱煙炙耳成聾，逼她喝下啞藥，讓她不能說話，然後把戚夫人拋在廁所裡，稱為「人彘（ㄓˋ zhì）」（人豬）。

過了幾天，呂后叫惠帝來參觀「人彘」。

惠帝問：

「這是什麼？看起來很可怕。」

「是陛下知道的東西。」

「我知道的？」

「是啊，你一定知道，一定認得。」

「我不知道啊，我沒有見過啊。」

「你認得的，仔細瞧瞧。」

「…………」

「就是那個戚夫人啊。」

「啊！」惠帝掩面大哭，「太可怕，太殘酷了！」

從此，惠帝便生病了，有一年多不能起床。病好轉後，他派使者對太后說：

「太后做出這種非人的行為，我不能阻止，哪有資格治理天下！」

從此，惠帝不理政務，日夜玩樂，終於得病。六年後，惠帝去世，太后出聲痛哭，但卻沒有眼淚。這時，張良的兒子張辟彊，十五歲，擔任侍中，對左丞相陳平說：

「太后只有獨子惠帝。惠帝去世，太后雖然哭泣，卻不悲哀，你知道為什麼嗎？」

「不，我不知道，那是為什麼？」

「惠帝沒有長大成人的兒子，繼位者是幼子，所以她害怕你們這些重臣。如果你請求太后任命姪子呂台、呂產、呂祿為將，指揮都城的南北軍（警衛部隊），或讓諸呂入宮做事，太后就可以放心，你們也可以逃過一難。」

「不錯，謝謝你！」

陳平依張辟彊之計向太后建議，太后果然非常高興，哭起來也有聲有淚了。

太后稱制

一個月後，為惠帝舉行盛大的葬禮，太子即位。新帝幼小，政治實權掌在呂太后手上。

呂太后已是事實上的皇帝。

呂太后為了立呂家人為王，召集群臣開會。太后問右丞相王陵的意見。王陵與劉邦同鄉，曾助劉邦平定天下，為人耿直不阿。王陵答道：

「以前，高祖曾向群臣說：『凡不是劉家的人稱王，天下人可以一齊起兵討伐。』如果立呂氏為王，便違背了高祖的遺囑。」

呂太后聽了很不高興。又問左丞相陳平和周勃。兩人都說：

「高祖平定天下，立劉家子弟為王，現在太后稱制，推行政令，立呂家子弟為王，沒有什麼不可以的。」

太呂聽了非常高興。

會議結束後，王陵責備陳平、周勃說：

「當初與高祖歃（ㄕㄚˋ shà）血立誓的時候，你們難道不在嗎？現在高祖去世，太后掌握實權，想立呂家人為王，你們附和背誓，還有什麼面目見高祖於地下？」

陳平與周勃回道：

「當著太后面，跟太后爭，我們不如你；但是保護漢家天下，避免劉家子弟全被殺光，你不如我們。」

王陵聽了答不出話來，想不到他們竟想得這麼遠。

於是，太后剝奪了王陵的相權，王陵也藉這機會請病假回鄉。陳平由左丞相升任右丞相；酈食其（ㄌㄧˋ ㄧˋ ㄐㄧ lì yì jī）擔任左丞相，管理宮中事務。酈食其在呂后被項羽所捕時，一直侍奉呂后，深為呂后寵信。因而大臣有事要報告，都要先經過他那一關。

陳平曾與周勃奉高祖命去逮捕樊噲，樊噲是呂后妹妹呂嬃（ㄒㄩ xū）的丈夫。恰逢高祖去世，樊噲得呂后特赦，而免一死，但呂嬃從此痛恨陳平等人。因此，陳平任右丞相後，呂嬃常向呂太后說陳平的壞話：

「陳平做了丞相，卻不管事，每天都在喝酒，與女人戲耍。」

陳平聽到這消息後，酒喝得更起勁，跟女人玩得更勤快。太后知道陳平如此，內心非常高興，知道陳平不會妨害自己，於是把陳平叫來，把呂嬃的話告訴陳平，接著說道：

「俗語說：『女人和小孩說的話不能聽！』一切端看你和我的關係來決定。不要怕呂嬃說你壞話。」

之後，呂太后逐次分封呂家人為各地的王。

逆我者亡

惠帝去世後，太子即位，是為少帝恭。事實上少帝並不是惠帝的兒子。原來，惠帝娶姊姊魯元公主的女兒為后。惠帝后沒有孩子，偽稱有孕，而以惠帝和姬妾所生的兒子作為親生的兒子。但是，怕這姬妾把消息洩漏，就將她殺死，而立其子為太子。惠帝死後，太子即位為新帝。新帝長大後，忽然聽說自己並不是皇后所生，親生母親已被殺害，便出口說道：

「太后怎會殺我母親而讓我當皇帝？只是因為我年紀幼小好控制罷了。我成人後，必報此仇。」

太后知道後，怕他發動政變，就把他關在後宮牢裡，說：

「帝染疾甚重，嚴禁群臣晉見。」

接著召見群臣說：

「天子為使天下得以太平，使萬民能夠安居樂業，必須有天地般廣闊的德行，這樣居官的人才能以愉悅的心情來安撫百姓，百姓也能欣然遵從在位者的命令。也只有這樣才能

上下一心，互相溝通，而臻於大治。可是，現在皇上生病久久不癒，而且精神錯亂，無法繼承漢統，再這樣下去，天下無法安定，應該立刻更立皇帝。」

群臣聽了都齊聲說道：

「太后為天下萬民、為漢家天下，理應如此！」

太后改立劉弘為帝，把少帝恭殺掉。

接著，呂后又殺了自己不喜歡的趙王劉友。

劉友是劉邦和姬妾所生的孩子。如意被殺後，襲如意的封土為趙王。趙王友娶呂氏之女為妻。但劉友不喜歡呂氏女，喜歡別的姬妾，呂氏女因嫉妒而生氣，便向呂太后說：

「劉友到處宣揚說，呂氏怎能立為王，等太后死後，我必起兵誅殺！」

太后大怒，即召趙王友到長安。趙王友來了之後，就把他軟禁，不許人送食物給他。凡送食物者被逮捕，必受嚴懲。

趙王友餓得受不住，便作歌以忘飢，歌詞說：

諸呂用事兮劉氏危，　　呂家人專權，劉家子孫危險啊！

迫脅王侯兮彊授我妃。　　威脅王侯，強迫我娶了呂氏女為妃。

我妃既妒兮誣我以惡，　　我妃嫉妒，進讒言害我，讒女亂國兮上曾不寤（ㄨˋ wù）。　讒妒之女擾亂國政，君王卻不明白。
我無忠臣兮何故棄國？　我難道沒有一個忠臣嗎？為何離開了自己的封國？
自決中野兮蒼天舉直！　即使死在野外，上天有眼終會明白。
于嗟不可悔兮寧蚤自財。　唉！不能忍受這種侮辱啊！寧可早點自殺！
為王而餓死兮誰者憐之！　做了王還會餓死，誰來可憐我！
呂氏絕理兮託天報仇。　呂氏沒有天理，願蒼天為我報仇！

不久，趙王友餓死，葬在民墳中。

繼趙王友之後，被封為趙王的是高祖劉邦的庶子梁王劉恢。梁王恢也被逼娶呂產的女兒為妃。遷為趙王後，趙王妃左右人員都是呂家人，王妃專斷，獨攬政權，不時偵察趙王行動。趙王心裡很不愉快。而自己所寵愛的美姬又被王妃毒殺，心裡更加鬱悶，便作歌詩四章，叫樂人歌唱，不久也自殺而亡。

太后知道後，說道：

「為一女子而悲，竟又追隨其後而自殺，沒有做王的資格。」

於是廢其嗣者，令其子孫降為平民。

高祖三個相繼為趙王的兒子如意、友、恢，幾乎都可說是被呂太后逼死。

太后之死

太后稱制第七年（西元前一八〇年）三月，太后在長安附近的霸水邊進行祓（ㄈㄨˊ fú）災儀式。儀式結束，回到長安東門附近時，覺得似有一隻蒼犬從腋下掠過，突然又不見了。太后以為不祥，請人卜卦。

卜者說：

「趙王如意作祟。」

從此，太后便病了，腋下疼痛。

太后病勢越來越嚴重，知道死期已近。便任命侄兒呂祿為上將軍，掌北軍；侄兒呂產掌南軍。然後告誡呂祿、呂產說：

「高祖平定天下後與大臣相約說：『不是劉家人不得稱王，如果有人稱王的話，大家應該合力征討。』現在，呂家已有三人稱王，大臣極為不滿。我將不久人世，而皇帝年幼，大臣可能會造反；你們必須掌握軍權，據守宮廷，千萬不要替我舉行葬禮，否則會給他們可乘之機。」

不久，呂太后就死了。

太后死後，果如太后所慮，各地劉氏王侯都準備起兵討伐呂氏。當時，呂祿和呂產在長安擅權專制，想起兵興亂，但因顧忌周勃和灌嬰不敢發動。齊王劉襄的弟弟劉章在長安，從妻子——呂祿的女兒——口中知道這陰謀，便遣密使到哥哥劉襄那裡，要哥哥起兵赴京征討呂氏。劉襄發檄文給各地劉姓諸侯王，要各地諸侯共同起兵征討。相國呂產知道後，派灌嬰率軍討伐。

灌嬰率軍走到滎陽時，跟部下商量道：

「呂氏掌握軍權，控制關中，想代劉氏得天下，如果我滅齊還報，豈不是更增加了他們的氣燄；我們還是留在這裡，靜觀局勢的演變。」

「是，理當如此。」部下都同聲贊同。

灌嬰留駐滎陽，遣使通知齊王及其他諸侯，在原地靜觀呂氏起兵作亂，再一起進兵都城。齊王接到通知後，便回師駐留齊國西方的邊界，等待命令進兵。

而呂祿、呂產也害怕都城裡的周勃、劉章和各地劉姓諸侯王，一直猶疑不敢遽然發難。在京城長安，周勃雖身居太尉（約等於現在國防部長）之職，卻不能入軍門指揮軍隊。只有悄悄找右丞相陳平商量，擬出了藉酈寄與呂祿友善來奪取軍權的計謀。

謀定後，周勃派人劫持酈商，要他命令兒子酈寄跟呂祿說：

「高祖和呂后一齊平定天下，劉氏稱王的九人、呂氏稱王的三人，都是經過大臣同意的，而且早已通告諸侯，諸侯中也沒有人反對。現在，太后新喪，皇帝幼少，你又佩帶趙王印，不趕快往趙赴任，仍留在京裡以上將軍身分統領軍隊，難免會令大臣諸侯懷疑。你何不把將印還給太尉赴趙就封呢？如果也請梁王（呂產）歸還相國印，與大臣訂盟赴封國，齊兵就會撤退，大臣也得安心。這樣你就可以高枕無憂，又可做一地之王，不是很好嗎？」

呂祿聽了信以為真，有意把將印還給太尉，也把這件事告訴呂產和呂氏老人，有的贊成，有的反對，一直無法決定。

一次，呂祿與酈寄，兩人一齊出去狩獵，途中順便到了姑姑呂嬃家。呂嬃知道呂祿出來狩獵，大怒道：

「你擔任上將軍，卻把軍隊拋下，出來狩獵，呂家這下可完了。」

說著把珠玉寶物全扔在庭院裡：

「反正這些東西不是我的了，我何必替別人保管！」

這時，有人從齊國來，把齊王劉襄與灌嬰、諸侯聯合欲誅呂氏的事告訴呂產。這消息被陳平、周勃知道後，周勃立刻叫酈寄告訴呂祿說：

「皇上要太尉掌理北軍，好讓你赴趙就封。不趕快歸還將印就封，那可危險囉！」

呂祿相信酈寄，便歸還將印，把北軍交給太尉周勃。周勃抓住這機會，走入北軍軍門，就下令道：

「支持呂氏的袒右肩，支持劉氏的袒左肩。」

全軍都左袒支持劉氏。太尉終於掌握了北軍。

掌握南軍的呂產並不知道呂祿已交出將印和軍權，仍想入宮發動政變，但宮門已為太尉固守，不得入，乃從別門進入宮裡。這時，周勃已先引兵入宮，發動政變，殺了呂產。接著捕殺呂祿、呂嬃及其他呂家人。政變成功。齊王回國，灌嬰也從滎陽回長安。同時廢少帝弘，另立年長的代王為帝，就是漢文帝。

九、新官僚與民眾

——〈平準書〉、〈汲鄭列傳〉、〈平津侯主父列傳〉、〈酷吏列傳〉、〈游俠列傳〉

呂后死後，經文帝、景帝，到武帝即位，已有四十多年。這段期間，國家逐漸安定，制度也趨於完備，國家財富經歷代累積也非常富裕。因而武帝即位後，就利用這充裕的財政，積極對外用兵，擴展勢力。不久，充裕的財政也為之空虛。苛斂誅求於焉產生。

武帝在位五十多年，進行了政治、經濟與文化各方面的改革，對內、對外都由以前的消極政策轉向積極政策。

支持武帝積極政策的是當時的新興官吏。這些新興官吏沒有顯赫的家門，大多從讀書人中選出來，跟以前的情形大不相同。他們都獲武帝重用，成為武帝時代的政治中心人物。

可是，武帝當政時期，對人民的控制也加強了。在嚴苛的法律下，人民往往成為被壓

制的對象，而無處申訴。

本章在官吏方面擬舉汲黯作為舊派官吏的代表；而以公孫弘和張湯作為新興官吏的代表；而以游俠郭解的行為來觀察當時人民的處境。

硬骨頭的汲黯

武帝即位後的幾年中，國家太平無事，不曾遭遇過水災、旱災，人民生活富裕，不論都邑鄉閭，糧食都非常充實，政府的財政也很富裕。京師（首都）的銅錢有好幾億，穿錢的繩子都腐朽了，以致無法計數。政府糧倉的糧食陳米未完，新米又來，簡直吃不完，以致溢出倉外而腐敗。一般民眾都積極蓄養馬匹，街道田壟處處是馬。

村吏每天可以吃到白米飯和肉肴；做官的不必調升，也有多餘的財產留給子孫，真是天下太平的好景象。

因此，在這時期，任何人都非常自愛，不會隨便犯法，而且非常重視操行，不會發生引以為恥的違法行為。在這種情況下，法律即使鬆緩不嚴，也很少有犯法之事。

汲黯就在這太平好景的時代出仕武帝。汲黯是濮陽（山東鄄縣。鄄，音ㄐㄩㄢˋ juàn）人。

他的祖先都是戰國時代衞的卿大夫，父親曾出仕景帝，自己也因父親的關係擔任太子洗馬（太子的前導人員），為人嚴肅耿直。

景帝去世，武帝即位，汲黯立刻被提升為謁者（外交官）。汲黯本性傲慢，不講究禮貌，常當面指斥人的錯誤；而且自以為是，看不順眼就講話，毫不寬容，因此一般人都不願意跟他接近。不僅對一般人如此，就是對武帝也常當面指責，自然難得武帝寵信。不過，他喜歡讀書，注重氣節，品行優良，常跟游俠之士來往。

當時，太后的弟弟田蚡（ㄈㄣˊ fén）擔任丞相，一般中等官吏晉見田蚡，田蚡常不答禮，因此，汲黯見田蚡時，也不彎腰致意，僅雙手作揖而已。

汲黯從謁者轉任滎陽縣令，再調回京師擔任「中大夫」（宮廷顧問），常向武帝直言勸諫，因而在京師沒待多久，就被調去做地方官，任東海郡（在山東）太守。

汲黯學黃老之術（即「無為而治」的統御法），擔任太守期間，自己只指示大概，其餘小事都由自己選拔的官吏負責，一年多，東海郡治理得井井有條，賢聲廣播。武帝知道後又把他調回中央，擔任主爵都尉（掌管與諸侯相關的業務，位居九卿，等於現在的部長級）。但是，他仍不改以前的老脾氣。

有一次，武帝說：

「我要推行仁義。」

汲黯毫不放鬆地接下去說：

「陛下對外表彰仁義，內心卻充滿了欲望。既然這樣，又何必一定要模仿堯舜的政治呢？」

武帝聽了默默無言，卻已氣得變了臉色。

武帝退下後，對左右說：

「汲黯真是戇（ㄍㄤˋ gàng）得很！」

有人因此指責汲黯，汲黯說：

「天子設公卿（如現在的院長、部長級）這類人員，就是為了輔佐天子，既然輔佐天子，怎可一味諂媚，使天子陷於不義呢？我既然位居公卿，即使愛惜自己，也不能眼睜睜看著天子有過失而不說。」

汲黯就是這樣戇直的人。

武帝即位後，約過了十年，開始採取積極擴張領土的政策。首先派兵去鎮壓閩越和南越（福建、兩廣一帶）；接著向西開闢山道一千多里，以擴大巴蜀兩郡的面積；在北方則滅朝鮮設滄海郡，又與匈奴展開激烈戰爭。因而，本來充裕的財政也慢慢消耗掉，而日趨貧困。為了挹注財政的不足，政府逐漸增加人民的稅收，而人民又要服兵役，生活越來越苦。

在這種狀況下，人民開始玩法避稅。同時，為了增加歲入，凡捐獻物資給政府的即可

任命為官；出錢的可以免罪。於是，官吏選拔制度逐漸崩潰，清廉的人慢慢變得無恥，實力成為解決一切的基礎。

於是，法令逐漸嚴厲，能為國斂財的大臣日益受到重視。

張湯就在這種環境下出現。他認為應該以嚴厲的律令來治理社會，把以前鬆緩的律令改得更細密嚴厲。武帝就擢升他為廷尉（法務部長）。

汲黯非常討厭這個以律令治理一切的張湯，他常當著武帝的面指責張湯說：

「你身任公卿，上不能發揚先帝的功業，下不能抑制天下邪惡的人心，使國家安泰，國民富裕，並減少犯罪的人，只一味玩弄法令，更改高祖所決定的國法。你會絕子絕孫的！」

兩人開始為此而辯論。張湯只就法理而辯，汲黯則從大處著眼，彼此始終無法契合。剛直的汲黯不由得大怒，罵道：

「俗語說小吏不可以擔任公卿，確是名言。你張湯一定會使天下陷於極端不安的狀況！」

不管汲黯多憤怒，社會終究逐漸變為需要專門行政人才的社會了。武帝也逐漸擢用這類人才。他不僅重用張湯，也因尊儒術而重用公孫弘。

汲黯越來越不如意，對張湯和公孫弘的指責越來越激烈，每次碰面就罵道：

「你們這些心懷詭詐的儒生，只會奉承天子，博其歡心。小吏員只會玩弄法令，陷民於罪，使人失去純真的心，而以爭勝為功。」

可是，汲黯無論罵得多凶，公孫弘與張湯總是不理，而武帝也日漸重用他們，對汲黯更是討厭，常常想找法子殺他。公孫弘做丞相時，也想去除這個眼中釘，因而向武帝說：「右內史（長安的行政長官）管區有許多宗室和諸侯，不容易治理，最好能找個有名望的人去任職。請即詔令汲黯擔任右內史。」

武帝答應，立刻任命汲黯為右內史。不料汲黯任職數年，沒有出一點紕漏。公孫弘的本意是想藉此機會找碴子來除去此眼中釘。

不久，匈奴的渾邪（ㄧㄝˊ yé）王率領部下向漢投降。武帝準備用兩萬輛馬車接他們入都，藉此顯示大漢聲威。可是國庫空虛，沒錢買馬，想向人民借馬，人民又把馬藏起來，不肯出借，因此兩萬輛馬車無法籌齊。

武帝大怒，要斬汲黯屬下的長安縣令，汲黯說：

「長安縣令沒罪，只要斬我汲黯，人民就會交出馬來了。這些匈奴是背叛其主來投降的，只要慢慢讓驛站沿縣把他們送過來就行了，何必騷擾天下，搜括國內來侍奉這些投降的外國人呢？」

武帝聽了無話可回。

渾邪王他們到長安後，商人爭先恐後跟他們進行交易，因此被判死刑的有五百多人，因為漢律不准人民跟匈奴有交易行為，犯者處死。

汲黯伺機對武帝說道：

「匈奴本來與我們訂有和親條約，他們卻背約向中國攻擊，中國才發兵征討。由於征伐匈奴，不知有多少士兵死傷，國庫支出也達幾百億之鉅，因而我認為最好把敵虜全都賜給戰死的遺族作奴婢，戰利品也分配給遺族，以撫慰天下人民的痛苦。即使做不到，也不該拿出國庫的錢，並要人民侍奉這些來投降的匈奴人。陛下既然都這樣優待他們，那麼民眾賣東西給他們，也不能算是跟敵人進行走私貿易啊！陛下不能得到匈奴的財貨來慰勞老百姓，卻又擴大法令的運用範圍，殺了無知的老百姓五百多人。這豈不是『護葉傷枝』嗎？我不能贊成這種作法。」

武帝聽了又靜默無言，但也沒有接受汲黯的意見。

汲黯退下後，武帝說：

「我已經很久沒聽到汲黯說話了，想不到他越來越胡說八道。」

幾個月後，汲黯即因小小的過失而被免職，歸隱田園。七年後病故。

養豬人做宰相

公孫弘大抵跟汲黯是同一時期出仕漢武帝。但人品與性格卻跟汲黯完全不同，是一個學者出身的政治家。

他本是齊國人，少時曾做過獄吏，因犯了一些小差錯而被免職。家境貧困，曾在海邊村莊養豬。四十多歲才開始讀書學《春秋》，對後母非常孝順。

武帝即位後，舉賢良方正之士，公孫弘已六十歲，以賢良被徵為博士。其後不久，出使匈奴，回國後向武帝提出的報告，不合武帝的意思。武帝認為他無能，他只好請病假回鄉。

十年後，公孫弘已七十歲，武帝下詔徵求文學之士，公孫弘又由鄉人推舉。

公孫弘辭謝道：

「我以前已被推選為博士，皇上認為我無能，才罷職回鄉，請另外推選更恰當的人吧！」

鄉人不肯放棄，非推舉他不可。公孫弘推舉辭不掉，只好跟一百多人到太常令（考試官）那裡接受考試。公孫弘成績並不好，名列後席。但對策（考試卷）送到武帝那裡，武帝看了以後，選公孫弘為第一。

公孫弘謁見時，武帝見他狀貌端雅，便任命他做博士。

公孫弘氣宇恢宏，博識多見，而且認為做一個君主必須心胸廣闊；做臣子的必須謹慎節儉。他的生活也跟他所說的一樣，棉被用麻布做，飲食不重肉類，後母死亦尊禮服三年之喪。

每次開宮廷會議，公孫弘只提出大旨，由武帝自己做結論，不肯當面跟君主辯駁，這和汲黯相當不同。武帝認為他很有行政能力，又懂得法律，同時又知道以儒術來粉飾自己的行為，因而喜歡儒術的武帝非常寵信公孫弘。不到兩年就升任了左內史（掌管首都長安的行政事務）。

有時，不符武帝意願的條件，並不直接在宮廷會議中提出，而先由公孫弘與主爵都尉汲黯商量好後，再進宮向武帝陳述。這時往往由汲黯先發言，再由公孫弘補充，都很能獲得武帝採納。武帝對公孫弘也更加信賴。

有時，大臣們事先商量擬出一個共同的意見，再向武帝提出。可是，武帝看到意見，並不喜歡時，公孫弘常常背棄大家通過的共同意見而迎合武帝的意思。

汲黯常為此氣得在武帝面前大罵公孫弘：

「真是齊人多詭詐，不能相信！事先商量時，和我們協議提出共同意見，現在卻置之

不理，真是不能共事、不忠的人。」

武帝聽了問公孫弘：

「這到底是怎麼一回事？」

公孫弘從容答道：

「認識我的人認為我忠；不認識我的人以為我不忠！」

武帝深以為然。從此，說公孫弘壞話的人越多，武帝越相信他。

兩年後（西元前一二六年），公孫弘升任御史大夫（副丞相）。

當時，武帝開闢道路以通西南夷；又在朝鮮設滄海郡，在北方建朔方郡作為攻擊匈奴的前哨站。總之，武帝對外採取積極政策。

對武帝的這項積極政策，公孫弘不表贊成，常勸諫武帝作罷，他說：

「西南夷、朝鮮和朔方對中國都是沒有用的地方。發展這些地方，而使中國本土疲憊不堪，實在划不來，祈請陛下作罷。」

武帝便命令朱買臣等批評公孫弘的意見，提出十項設置朔方郡有益之處。公孫弘對這十條批評無法提出任何反駁，事實上他並不是不能反駁，只是不願忤逆武帝的意思，所以說道：

「我是山東鄉下人，不知道有這麼多好處。既然如此，就請暫時放棄西南夷和滄海郡，

把全部精力放在朔方郡的建設上吧！」

武帝高高興興接受了公孫弘的意見，終於停止經營西南夷和滄海郡。

有一次，汲黯在武帝面前，批評公孫弘說：

「公孫弘任御史大夫，已是朝廷最高官吏之一，所得俸祿非常多，仍用麻布作棉被，實在虛偽。」

「你有什麼意見？」武帝問公孫弘。

「確是虛偽。在政府高級官員中，跟我過從甚密的是汲黯。他今天在會議席上指責我，確實說出了我的缺點。政府高官用麻被，實有沽名釣譽之嫌。不過晏嬰做齊景公丞相時，吃不食肉，妻妾不穿絲綢衣服，齊國仍然治理得很好，而其生活的樸實與一般平民沒有不同。我身任御史大夫，還用麻布棉被，確如汲黯所說，已無上下之別。如果沒有汲黯的忠心，陛下怎會聽到這種話！」

武帝聽了公孫弘這一席話，頷首道：

「你太過謙讓了。」

對公孫弘的信任越來越深厚，並任命公孫弘為丞相。

元狩二（西元前一二一）年，公孫弘在丞相任期中得病去世。

冷酷無情的審判

與公孫弘同為武帝所寵信，而積極推動武帝法治政策的是張湯。

張湯的父親是長安丞（長安縣令的屬員）。一天，父親外出，要幼小的張湯看家。父親回來後，見肉被老鼠偷走，大怒，鞭打小張湯。

於是，張湯搗毀鼠洞，抓到偷竊的老鼠和吃剩的肉，便一面鞭打老鼠，一面進行調查、作口供。然後作成起訴書，宣讀老鼠的罪狀。最後書寫判決文。接著把老鼠捉到庭院，旁邊供著作為證據的肉，然後宣讀判決文，處以磔（ㄓㄜˊ zhé）刑。

父親看了這審訊過程，不覺內心一動，把張湯的判決文拿過來看，不禁大吃一驚，判決文寫得酷似有經驗的獄吏。於是父親讓他學司法審判之事。

父親死後，張湯繼父之後任長安吏。不久，他的才華獲得丞相賞識，推舉給武帝，而被任命為補御史（最高檢察官），管理審判事務。幾年後，升任廷尉（法務部長）。

當時，武帝傾向儒學與文學。張湯為迎合武帝，決斷大獄，也盡量符合《春秋》大義或儒家古義，亦即採取「道德審判」的方式；還請求博士弟子學《尚書》、《春秋》，而後

任命為廷尉史（法務部的助理官），改革有疑問的法規；同時向武帝陳述疑難案件時，必預先向武帝分析其根源，武帝頷首稱是，便把判決文作為判例登錄在廷尉法令集中，以顯揚武帝的賢明。

張湯上奏案件，若為武帝駁斥，必向武帝致歉。並且說：

「關於這案件，某某人曾向我陳述不當之處，我不能用，才會造成今日這種局面。某某人所說跟陛下所責完全一樣。」

所奏案件，武帝稱是，張湯一定說：

「這不是我的判斷，是我的屬下某某人這樣說，我只不過付諸實施而已。」

這樣，不僅武帝高興，也無形中推薦了自己的部屬。

如果受審的人是武帝有意判刑的，他就把這案件交給平時判罪較重的法官；如果武帝有意開釋的，就交給判罪較輕的人員。

要是受審的人是有權有勢而為武帝所不喜歡的人，張湯一定牽強附會，玩弄條文，故意入之以罪；若是無權無勢的平民，則謁見武帝，口頭報告說：

「按律當問罪，祈請陛下裁定。」

在這種情形下，武帝大多恕其罪。

因而，張湯雖用法嚴厲，猜忌心強烈，斷案不公平，但武帝和部下卻都信任他。判刑

嚴酷的吏員都為他所用，成為他的爪牙；同時，又因以儒家古義斷案，深為儒者出身的丞相公孫弘所欣賞。

另一方面，張湯為人雖然詭詐，運用狡智控制人，卻能廣交富貴人物。當小吏員的時候，便用善於逢迎的口才和富商攀交情；升任高官後，則與天下知名士大夫來往。這些士大夫雖然不合張湯心意，他卻偽裝非常傾慕他們。

同時張湯也常與賓客親近，時時舉行酒宴，招待賓客。朋友子弟當吏員，他照顧備至；對貧窮的兄弟照料更是周到。不論寒暑，他一定到高官府上問候。

張湯任廷尉後第六年，發生了淮南、衡山、江都三王的造反事件。這造反事件還沒有正式發動，相關的人已都被逮捕，而由張湯親自審理。

張湯想把相關的人一律處死刑，武帝卻有意釋放嚴助和伍被。只有此事，張湯猛烈反對武帝。

張湯說：

「伍被本來是造反的策劃人。而嚴助深獲陛下信任，常出入宮中，卻與謀反的諸侯私交甚篤，若不處死刑，往後就很難有公平的審判。」

武帝終於答允。審判事宜，都由張湯一手包辦，其他大臣很難有插足置喙（ㄏㄨㄟˋ huì）的餘地。因而審判幾乎全由張湯掌理，成果也最大。從此張湯更受武帝信任，隨即升為御史

大夫（副丞相兼最高檢察官）。

張湯處事概以嚴刑峻法為主。尤其自征匈奴以來，國庫空虛，百姓不安，官吏貪汙腐化，張湯更恃法治人，因此上自公卿下至老百姓，莫不懷恨張湯，武帝卻對他寵信有加。

張湯任御史大夫後第七年，河東（山西省西南部人）李文因與張湯有過節，利用擔任御史中丞（最高檢察署次長）之便，從衙門的文書中尋找對張湯不利的資料來打擊他，使張湯的地位逐漸動搖。

剛好張湯有一個信賴的屬下，名叫魯謁居。魯謁居知道張湯對李文非常不滿，便支使人向武帝陳述李文的叛變陰謀。這案件由張湯審理，張湯藉機把李文殺掉。不過，張湯知道這件栽贓事件是魯謁居所為，也知道是魯謁居為挽救自己而出的主意。武帝問張湯：

「叛變的跡象，因何而知？」

張湯假裝吃了一驚，說：

「大概是李文的朋友因積怨而告發。」

之後不久，魯謁居在旅途中生病，臥倒在某鄉村客棧裡。張湯知道後親自去探病，為謁居按摩腳部，這是對謁居救己的回報。

於是，趙王在朝廷裡把這件事揭露出來。

「張湯是國家重臣，屬下魯謁居有病，張湯竟然替他摩腳，也許兩人共商陰謀叛變。

趙王所以控訴他們兩人，是有原因的。原來趙國製鐵業非常興盛，但當時製鐵業由朝廷親自經營，鐵官（監督官）都由朝廷派遣。因而鐵官即使發生事故，也不能由趙王審理，只能由趙王向朝廷提訴。

可是，每次鐵官發生問題，由趙王向朝廷提訴，都被張湯駁回。因而趙王對他恨之入骨，一心一意尋找可以扳倒張湯的資料。加上魯謁居曾經調查過趙王，趙王對他也懷恨在心。

趙王提出控訴後，即把案件交給廷尉審理。可是，魯謁居已在調查期間病死。魯謁居的弟弟也受牽連，拘在導官（少府的一部，掌選米）處。

張湯也在導官處調查其他囚犯，看到謁居的弟弟，有意暗中予以救助，但他卻故意裝出冷淡的樣子。謁居的弟弟不知張湯心意，心懷怨恨，便請人上書控告張湯：

「張湯與哥哥謁居共謀陷害李文。」

武帝將此案件交減宣審理。減宣也以治法嚴峻有名。他跟張湯本有過節，承理此案後，傾全力尋根究底，欲揭發此事。

就在這時候發生了盜掘孝文帝陵墓，偷取陵中陪葬銅錢的案件。丞相莊青翟與御史大夫張湯相約一齊去向武帝謝罪，以示監督不周。

可是來到武帝面前，張湯認為警衛皇帝陵墓是丞相的責任，跟自己無關，因而只有莊青翟向武帝謝罪，張湯卻一聲不吭。武帝下令御史調查此事。張湯有意用「見知之法」究治丞相。所謂「見知之法」是指看見或知道有人犯法而不檢舉，與犯者同罪。莊青翟知道後，憂心忡忡。因而丞相府三長史（長史約等於行政院祕書）朱買臣、王朝和邊通也想藉此機會扳倒張湯。

朱買臣等三長史以前地位都比張湯高，因事降職，擔任丞相府長史。張湯知道他們以前都擔任過中央要職，卻常常藉故侮辱他們，以顯耀自己。如今，他們自然不會放過任何可以扳倒張湯的機會。

三人對丞相莊青翟建議說：

「張湯跟您相約向陛下謝罪，最後卻出賣您，有意以見知之法治您，他的目的不外是想代您為相。非打倒他，這件事情無法了斷。我們已經掌握可以打倒張湯的資料了。」

莊青翟立刻派人逮捕張湯的朋友——商人田信等，要他們指出張湯之罪，經嚴刑逼供之後，田信終於說道：

「張湯奏請陛下裁決財經事務時，我都事先知道，所以能夠囤積貨品，提高價格出售，獲得許多利潤，而且利潤的一半都分給張湯。」

這些證辭一一傳到武帝那裡，武帝問張湯：

「我在財經方面的作為，商人常常能夠事先知道，想必有人把事情告訴他們，讓他們能囤積居奇吧？」

這本是御史大夫所掌管的事務，有這種事情發生，御史大夫張湯無論如何都要謝罪。可是，張湯不僅不謝罪，反而假裝吃驚，說道：

「這種事情很可能有。」

接著，減宣也把魯謁居陷害李文的事上奏武帝。

到這時候，武帝也不能不覺得自己受張湯欺騙了，便任命八個審理人員依訴狀調查張湯的罪行。張湯對所提罪行一一否認。

於是，武帝命令趙禹調查張湯案。趙禹本是跟張湯一起重訂律令，最受張湯崇敬的人。張湯以兄長之禮事他。

趙禹見到張湯，便責備道：

「你太不知分寸啦！想想看，因你辦案，而遭夷族（一家人皆處死）的人有多少？現在，人家對你所提出的罪狀都有證據，天子不忍心治你罪，讓你自尋了斷。何必再多說呢？」

張湯終於下決心，向武帝提出書面報告，謝罪道：

「我張湯沒有絲毫功勞，幸蒙陛下提拔，而從小小縣吏榮升到御史大夫，我卻無法完

全盡到責任，實為汗顏。我本無罪，一切全因朱買臣等三長史設謀陷害所致。」

留下遺書，張湯自殺而死。

張湯死後，所留遺產只不過五百金。這些錢全是武帝賜予的。此外，張湯並沒有經營其他產業。

兄弟和兒子想厚葬張湯。張湯的母親說：

「阿湯是天子的大臣，蒙受不白之冤而死，何必厚葬！」

於是，張湯的葬禮與一般平民沒有什麼不同，用馬車載著遺體送到墓地埋葬。張湯的母親想藉此向人顯示張湯的生活並不富裕，財產並不多。

武帝知道這件事後，不禁感嘆說：

「沒有這樣的母親怎會生出這樣的兒子。」

武帝於是重新調查這個案件，處死陷害張湯的三長史。丞相莊青翟自殺。

武帝為向張湯表示歉意，也提拔了張湯的兒子張安世。

酷法下的民眾

在公孫弘以古義主政，張湯以酷法為尚的時代，民眾不是為重稅所苦，就是為酷法所懾。能為他們表露心聲的人實在不多。與漢武帝同時代的《史記》作者司馬遷曾經描寫當代社會趨向說：

「拘泥學問，懷抱小義，孤立於世的人往往還不如那些降低自己理想，迎合世俗，隨世浮沉，以贏取聲名的人。」

而且在當時社會中，地方豪強也跟中央的酷法重稅一樣奴役著一般老百姓。在這種狀況下，「布衣之俠」、「閭（ㄌㄩˊ lű）巷之俠」，也就是一般民間的俠客，才能真正表現出民眾的心聲。

司馬遷說：

「郭解等人有時雖然干犯當時嚴酷的法網，但他們為人重義，廉潔而謙虛，很可稱讚。他們的名聲不是迎合世俗得來的。當時，有許多人成群結黨，也有同宗的人互相結合，盡量奴役窮人，增加財富；有的地方豪強欺凌無倚無靠的弱者，以滿足自己的欲望。郭解這

些民間俠客最瞧不起這類欺凌弱者的人。可是，社會一般人卻不了解他們的心意，隨便把他們看成豪強之輩，真叫人難過。」

在酷法與豪強的雙重欺壓下，同情民眾的這些民間俠客，是怎麼樣的一種人？現以郭解為例，看看這些民間俠客的行誼。

郭解是軹（ㄓˇ zhǐ）（河南濟源縣東南）人，父親也是一個民間俠客，在漢文帝時被政府處死刑。

郭解個子短小，精悍有力，從不喝酒。小時候，脾氣暴躁，常殺人做壞事。長大成人後，一改過去的作風，謹慎而有節度，對人能以德報怨，給人多，而自己所取甚少。即使救了人家一命，也不會常常掛在嘴上，可是，有時候也難免控制不住原本暴躁的脾氣，為小事而氣憤不已。

郭解姊姊的兒子常假借郭解的威勢欺壓別人。有一次，郭解姊姊的兒子和人一起喝酒，那人已不勝酒力，他卻持壺強灌，致為人怒殺。這人因怕郭解逃亡而去。

郭解的姊姊大怒說道：

「你以俠義自命，人家殺了我的兒子，卻抓不到兇手，多可恥！」

姊姊為了刺激郭解，故意把兒子的屍體扔在路旁不葬。郭解不得已只好派人去訪查兇手藏身之處。

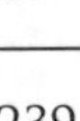

兇手知道再也藏不住，便自動回來找郭解，把前後經過據實告訴郭解。

郭解聽了說道：

「你殺他也沒有不對，是我的外甥錯了。」

於是把兇手放走，承認外甥之罪，並親自把外甥埋葬了。

洛陽有兩個人彼此結仇很深，村裡有權勢的人居中調停，始終沒有結果。於是有人請郭解去調停。

郭解趁夜去見兩個仇家，仇家說：

「郭兄既然出來說話，我們哪有不聽之理！」

郭解很高興地說：

「多謝抬愛，無限感激。不過，我聽說洛陽許多有地位的人出來替你們說和，你們都不肯接受。現在很感謝你們接受了我的意見，但我是外地人，這樣豈不是讓洛陽有地位的人丟臉了嗎？所以請你們別聲張，待我離去後，讓洛陽有地位的人來說和，你們再聽從他們的意見，好嗎？」兩人立刻答應。郭解當夜離去，沒有人知道他曾經來過。

武帝有意把各地有權有勢的人遷到茂陵（武帝為自己預先興建的墳墓）附近，藉以削減地方勢力，繁榮京師。郭解家貧，不合遷徙的規定。但是，縣吏害怕郭解的影響力，想儘早讓他離去。

大將軍衛青聽到後向武帝說：

「郭解並不富裕，不合遷徙的條件。」

武帝說：

「一個小小的老百姓，竟然能使大將軍來為他說話，可見他並不窮。」

於是郭解家人也列入遷徙的名簿裡。啟程時，地方富豪為他餞行，送了一千多萬錢。

因為軹人楊季主的兒子任軹縣掾（ㄩㄢˋ yuàn，副縣長）把郭解全家列入遷徙名簿裡。郭解哥哥的兒子就殺了縣掾，兩家因此結仇。郭解遷入關中後，關中有權勢的人，不管認不認得郭解，都知道他的名聲，爭先恐後跟他來往。不久，郭解殺了楊季主，楊季主家人上書武帝控告郭解。上書的人竟在宮殿前被殺了。

武帝知道後，下令逮捕郭解。郭解把母親和家人安置在夏陽（陝西韓城南），自己逃到臨晉（陝西大荔）。

臨晉籍少公本來不認識郭解。郭解冒名通過了關卡。籍少公放他出關後，郭解改變方向，轉赴太原。

他每到一個住宿處，便預先告知下一個住處，所以捕吏能夠追蹤而來。追蹤到籍少公那裡時，籍少公知道所放的人竟是郭解，害怕朝廷追究，自殺而死，郭解的行蹤因而斷絕。花了好一段時間，朝廷才逮捕到郭解。

經過詳細的盤查，郭解殺人都在武帝大赦之前，其罪早已免除，不能再審判他。使者到軹縣調查時，有一個儒生陪著使者。座中，有一客人大事讚揚郭解，儒生說：

「郭解做壞事，干犯皇上的法令，有什麼好讚揚的？」

郭解的賓客聽到後，就把這儒生殺了，還把儒生的舌頭割掉。衙吏以這件事責問郭解。郭解其實不認識這個殺人兇手，兇手也逃逸無蹤。衙吏向武帝上奏說：

「郭解殺人都在陛下大赦之前，不能以罪論處，應立刻予以開釋。」

御史大夫公孫弘討論到這案件時卻說：

「郭解以平民做出任俠的行為，常為小小的仇怨而殺人。這次殺儒生之事，郭解雖不知道，但比郭解自己殺人還要嚴重，應該處以大逆不道的叛亂罪。」

公孫弘是儒者出身，對儒生被殺可能有切身之痛，才建議以大逆不道罪論刑。武帝接受公孫弘的建議，把郭解全家人都殺了。

司馬遷說：

「我曾見過郭解，他的容姿還不及一般人，說話也平平凡凡，沒有可取之處。可是，全中國不管賢者、愚者，無論認識不認識，沒有一個不仰慕他的聲名；談到俠客，也沒有一個不舉出他的名字。諺語說：『以聲名為容貌，怎會衰退！』唉，真可惜，郭解竟然不能全其天年！」

十、匈奴與漢武三將軍

——〈匈奴列傳〉、〈李將軍列傳〉、〈衛將軍驃騎列傳〉

自戰國時代，在中國北方的高原地帶，便有一支逐水草而居的遊牧民族——匈奴。匈奴人精於騎馬射箭，常常侵入中國本土，殺害居民，奪取家畜。秦始皇統一中國後，曾派蒙恬率十萬大軍，把匈奴驅逐到北方，並築長城防阻匈奴入侵。

楚、漢之際，匈奴統一了蒙古高原一帶的遊牧民族，形成了一大帝國。漢高祖劉邦統一中國後，因韓王信投降匈奴，親率大軍北征，被匈奴大軍圍困於平城附近的白登，幸得陳平設計才脫離險境。從此，不得不與匈奴和親，以劉姓宗女下嫁匈奴單于，並贈送酒米等物品給匈奴，以謀邊境和平。

呂后當政，匈奴單于寄書侮辱呂后，要與新寡的呂后享「男女之樂」，呂后也只能容

忍。文帝雖曾一度北征，最後仍以對等的方式謀和，並贈送皇帝的衣服及其他衣物給匈奴，以宗室之女下嫁單于。可是，匈奴依然時時入侵，使漢室大為困擾。到景帝時，匈奴雖無大規模入侵，但漢朝每年都要依約贈送物品，並讓匈奴人在邊境的關口與漢人進行交易。

到漢武帝時，朝廷對匈奴的政策才逐漸從守勢轉為攻勢。本章即以征匈奴的三大名將李廣、衞青和霍去病為主，觀察漢與匈奴的征戰關係。

馬邑之敗

漢武帝即位後，仍然與匈奴維繫著和親關係，甚至比以前更厚待匈奴，開放關口，讓匈奴與漢人進行交易，穀物與絲絹源源運到關口，使匈奴人需要的東西都能齊備。因而，匈奴人從單于以下到庶民，對漢朝都沒有絲毫敵意，經常到長城下的關口來交易，或到長城下放牧。

事實上，武帝這種和親政策，是打倒匈奴的一種策略。武帝為了使匈奴完全鬆懈對漢的防備，還派馬邑（山西朔縣）商人聶壹故意犯禁出長城與匈奴交易，並把匈奴所要的物品一一運出關去。匈奴人果然完全放心，並深信聶壹不疑。

於是，聶壹對單于說：

「我所住的馬邑是一繁榮城市，什麼物品都有，如果大王有意奪那城池，我願意幫忙。」

匈奴是一遊牧民族，除了家畜之外，沒有任何產業，吃的是獸肉，穿的是獸皮，對中國農產品和衣物向來極為嚮往。現在有中國商人願意幫助奪取繁華的馬邑，自然不會拒絕。

於是，匈奴單于率領十萬騎兵越過長城進入武州（雁門）。而漢朝早在馬邑附近埋伏了三十多萬大軍，只等匈奴軍一到，便一舉加以殲（ㄐㄧㄢ jiān）滅。

單于越過長城，走到距離馬邑百里的地方，只見遍野都是家畜，卻沒有人看牧。

「奇怪，其中一定有詐。」

單于這麼一想，便改變計劃，攻擊附近的亭（村莊）。依漢朝制度，接近長城的郡縣，每一百里都設有尉一人、士史和尉史各二人駐守。當時，雁門尉史看到匈奴軍，慌慌張張逃到亭裡，被匈奴逮捕，單于要殺他。

雁門尉史說：

「你殺我，你們必死無疑。」

「我們必死無疑？胡說八道！」

「不相信就殺好了。」

單于有點奇怪：

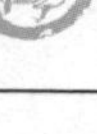

「好，如果你說得有理，我就放你。」

「你們受騙了，漢軍正埋伏著要一舉殲滅你們。」

「呵，埋伏在什麼地方？」

「就在馬邑附近。」

單于大吃一驚：

「我本來就懷疑了，果然不錯。」

單于立即引軍出塞回漠北。

漢軍一直埋伏在馬邑附近，單于就是不來，最後也只好撤軍而歸。武帝耗費無數心血想要一舉殲滅匈奴的政策，終因一個小小尉史的洩密而歸於失敗。

從此，匈奴不再相信漢人，和親關係也從根崩潰。匈奴時時入侵邊境，掠奪鄉村。漢朝也關閉與匈奴交易的關口。匈奴與漢進入了武力戰時期。

神箭李廣

在馬邑埋伏預備突襲匈奴的漢軍將領中，有驍騎（ㄒㄧㄠ ㄐㄧˋ xiāo jì）將軍李廣在內。李廣

是隴西成紀人，先祖李信曾追擊燕太子丹到遼東，累代都以善射名家。

漢文帝十四（西元前一六六）年，匈奴的老上單于率領十四萬騎從甘肅大舉入侵，深入中國本土，李廣以十四五歲的少年從軍出征，因騎射技術卓傑，擄殺了許多敵人，因功封為漢中郎（侍從官）。

李廣常隨從文帝攻城陷陣，或與猛獸格鬥，豪勇無比，文帝不禁說道：

「很可惜，你真是生不逢時！如果生在高祖時代，得封萬戶侯，簡直輕而易舉。」

景帝即位後，李廣擔任隴西都尉，輔佐隴西郡太守，隨即轉任騎郎將（禁衛軍騎兵隊長）。七國之亂時，以驍騎都尉隨太尉（陸軍總司令）周亞夫征討吳、楚，功勳顯赫，卻因故不得封賞。

其後，李廣歷任北方邊境的郡太守，常與匈奴接戰，所到之處均以力戰聞名。

匈奴大舉入侵上郡（陝西北部），景帝命令宮中宦官到李廣部隊去學習軍事，以備萬一。這宦官卻帶著幾十個騎兵任情馳騁（ㄔㄥˇ chěng），跑出了漢朝的邊境線，看見三個匈奴人，他們認為對方只有三人，必可手到擒來，便主動攻擊這三人。這三個匈奴人立刻還手，射傷宦者，隨從的騎兵幾乎全被殺光。宦官逃回李廣部裡，李廣說：

「那必是匈奴射鵰的名箭手！」

李廣立刻率領百騎去追那三個匈奴人。那三人步行無馬。李廣追了幾十里便追上。李

廣命令部下從左右包圍，自己親自射那三人，射殺了兩個，活捉了一個。一問之下，那三人果然是匈奴射鵰的高手。

李廣活捉了射鵰人，正要上馬，忽然看見有幾千名匈奴騎兵，奔馳而來。李廣不禁心中暗叫一聲：「糟糕！」

但那幾千名匈奴騎兵看見李廣他們只有寥寥數十人，也大吃一驚，紛紛奔上山頭，布下陣勢。

「啊！原來如此，他們以為我們是為誘敵而來。」

李廣不愧膽大心細，豪勇無比，一看到敵人的動向，就知道對方的用意。可是，他的部屬都驚慌失措，急欲逃回。

李廣說：

「不能逃，我們離大軍有好幾十里，絕對逃不回去。一逃，匈奴必然追過來，我們一個也逃不掉。如果我們鎮靜從容，留下不走，敵人必定以為我們是來誘敵的，就不敢向我們攻擊。」

接著李廣下令：「前進！」走到了跟匈奴陣勢相距兩里的地方停下來。

「下馬！」李廣自己先下馬，部屬也跟著下馬。

「解下馬鞍，放在地上！」

李廣的部屬依令把馬鞍解下放在地上。可是，部屬中有人深以為懼。

「敵人那麼多，又那麼近，一旦危急，怎麼辦？」

「他們以為我們會走，我們解鞍下馬，好讓他們相信我們絕不走。這樣他們就更不敢攻擊了。」

果然如李廣所說，匈奴兵以為漢朝大軍就埋伏在附近，不敢發動攻勢。

這時，匈奴軍中有一個騎白馬的將領，走出陣外，巡視軍隊。李廣見了，立即上馬率領十多名騎（ㄐㄧˋ jì）兵，奔馳過去，從山下往上射，射殺了那騎（ㄑㄧˊ qí）白馬的將領。隨即回到原處，解下馬鞍，然後讓部屬放馬自由活動，自己則跟部屬橫躺在地上。

夕陽西下，天漸黑了，匈奴雖然覺得奇怪，還是不敢攻擊。

到了半夜，匈奴以為漢朝伏兵會趁夜晚從旁攻擊，引兵離去。

第二天黎明，李廣才回到部隊。部隊中的人因為不知道李廣的去處，所以沒有去接應。

李廣的機智與豪勇也傳入朝廷。不久，景帝去世，武帝即位，李廣升任未央衛尉（皇帝住處——未央宮的護衛隊長）。馬邑之役，李廣以驍騎將軍的名義參與其事。

馬邑之役後，匈奴不時入侵。四年後，武帝首次派遣大軍攻擊匈奴，意圖驅逐匈奴，不使入關。

這次戰役分四路各率萬人進擊，衛青率軍從上谷出擊，斬獲敵首百餘；公孫賀從雲中

出擊，沒有斬獲；公孫敖從代郡出擊，為匈奴所敗，失去了七千多人。

李廣從雁門出擊匈奴。由於匈奴兵多，李軍大敗，李廣也被匈奴活捉。

軍臣單于知道李廣是一不可多得的人才，很想得到他。李廣大敗，單于下令道：

「不可殺李廣，必須活捉。」

匈奴生擒李廣，李廣當時受傷不能行動。匈奴便讓李廣躺在兩馬之間的絡床上。前行約十多里，李廣看到一個匈奴的少年騎著一匹良馬正走在身旁。

「這是好機會！」

李廣猛然躍起，推倒那少年，騎上馬，奪得少年的弓箭，忍痛往南疾馳。數名匈奴追兵從後緊緊追逐，李廣取出少年的弓箭，射殺追兵，才逃出敵陣。途中收聚了敗殘的軍隊，入關回國。

回國後，李廣被捕問罪。審判官認為李廣喪失許多士兵，又為匈奴生擒，論罪當斬。

匈奴活捉李廣，為的是慕李廣之名，準備善加禮遇；李廣不愧是漢家勇將，雖負傷仍伺機逃回。但漢家對待他的卻是不問失兵緣由、被擒逃回的狀況，而是判處他死刑。

幸而，當時有獻贖金抵罪的方便之門。不然的話，李廣這次就要死在武帝酷法之下。李廣出了贖金，免去死罪，變成平民，家居狩獵度日。

李廣回老家住了幾年，又逢匈奴入侵遼西，殺了遼西太守。武帝又用得著李廣了，在

韓安國被武帝氣死後，李廣繼韓之後任右北平（今河北省北部和遼寧省西部）太守。

李廣鎮守右北平，匈奴知道後，稱他為「漢之飛將軍」，好幾年不敢到右北平來。前線無戰事，一天，李廣出去狩獵，見草叢中有隻老虎，李廣拔箭發射，射中了虎身。但走過去一看：「呵，原來是塊石頭！」整個箭簇都已沒入石中。

「奇怪，怎能如此！」

於是，李廣回到原來的地方，拔箭再射，卻再也射不進石頭裡去了。

李廣為人清廉，若得賞賜就分給下屬。飲食與士兵共享無別。直到李廣逝世，所領俸祿二十餘年都沒有增加，家裡沒有多餘的財產，他也從不談財產的事。

李廣個子高大，手臂很長（若在今日，想必可以當很好的棒球投手），善射可以說有其先天條件，別人學不來。他木訥，不善言辭，喜愛射箭，終生不變。

大將軍衛青

第一次伐匈奴的四位將領中，只有一個衛青有所斬獲。而衛青在四位將軍中出身最低微。

衞青的父親鄭季是縣吏，配屬在平陽侯家中執事；母親是平陽侯的姬妾衞媪。所以衞青是私生子，冒姓衞；而姊姊衞子夫後為武帝夫人，得寵幸，生子後升為皇后。

衞青幼少時歸父親撫養，父親叫他牧羊。可是，父親正妻的兒子都把他看成奴僕，不以兄弟相待。

他在平陽侯家服務，曾隨侍平陽侯到牢獄去巡視。牢獄中有一囚犯會看相，看見衞青就說：

「你是貴人相，當可做官封侯。」

衞青聽了笑道：

「我為人奴僕，只要不受笞杖責罵就夠了，怎敢期望做官封侯！」

可是，姊姊衞子夫得武帝寵幸後，衞青的命運發生了大變化。武帝任命他做建章監，隨即升任侍中。

元光五（西元前一三〇）年，第一次征伐匈奴時，衞青以車騎將軍的身分，從上谷出擊匈奴。

兩年後，武帝命令衞青第二次往征匈奴。衞青率領三萬騎兵從雁門出擊，斬殺並擄獲敵人數千人；第二年，第三次征伐匈奴時，衞青率軍從雲中往西出擊，平定了河南地（河套），再往西至隴西，斬殺擄獲好幾千名敵人，並得數十萬家畜，擊走了匈奴的白羊王和

樓煩王，河南地置為漢朝的朔方郡，衛青因功被封為長平侯，囚犯的預言果然實現。

元朔四（西元前一二五）年，匈奴右賢王（匈奴單于底下設有左、右賢王，河套以東的內蒙古區域由左賢王掌理；以西由右賢王掌理）因恨漢奪河南地設朔方郡，不時侵入河南地，擾亂朔方郡，殺害吏民甚多。

因而，第二年春，武帝命令衛青進行第四次征匈奴之舉。衛青率領三萬騎兵，與蘇建、李沮、公孫賀、李蔡四將軍從朔方出擊，目標是匈奴右賢王的根據地。

右賢王以為漢軍不會深入自己的大本營，還在喝酒，喝得醺醺然。想不到入夜後，漢軍已悄悄掩至，包圍了右賢王。

右賢王知道後，大吃一驚，與愛妾率領著幾百騎兵趁黑夜突圍向北逃去。衛青部下追逐幾百里，沒有追上。

右賢王雖然逃脫，漢軍也獲得大勝。擄獲右賢裨（ㄆㄧˊ pí）王（副王）十多人，匈奴人民一萬五千多人，還奪得了近百萬的家畜。

武帝獲悉此役結果後，非常高興，派遣使者帶著「大將軍印」到長城。衛青班師回到長城，使者就把「大將軍印」奉上。衛青贏得了當時軍職的最高榮銜。

衛青凱旋歸帝京，武帝慰勞說：

「大將軍衛青親率大軍遠征，獲得大勝，擄獲匈奴裨王十多人，加封食邑六千戶，三

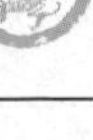

子俱封為侯。」

衛青辭謝說：

「此次戰役獲得大勝，是靠陛下的神威和各位將領奮勇作戰才得到的。陛下加封六千戶，臣已覺受之有愧。我的兒子還在襁褓，沒有為國家盡一點力，遽封為侯，無法激勵士卒，怎敢接受？」

「我不會忘記諸將的功勞，請放心。」

於是，武帝依各將領的功勞，各封為侯，賜給食邑地。

元朔六（西元前一二三）年春天，大將軍衛青率領公孫敖、公孫賀、趙信、蘇建、李廣、李沮等出擊匈奴。斬敵首數千。過了一個多月，再度出塞攻擊匈奴，斬獲一萬多人，獲得了大勝利。可是，蘇建和趙信所率領的三千多騎兵，碰見了單于的主力部隊，苦戰一天多，漢軍幾乎全軍覆滅。

趙信本來是匈奴的將軍，兵敗投降漢朝，因功封為翕（ㄒㄧˋ xì）侯。這次戰役，趙信跟蘇建以少擊多，全軍已喪失殆盡。趙信知道為漢作戰，只許勝不許敗，敗必見罪，問斬，加上匈奴不停呼籲，趙信便以所餘八百騎，投降了單于。

右將軍蘇建全軍盡沒，獨個兒逃歸大將軍衛青處。

衛青立刻召開軍法會議，討論蘇建之罪。衛青問軍法官和議郎：

「蘇建該當何罪？」

議郎說：

「自大將軍率軍出擊胡人，不曾斬過部將。現在，蘇建丟了部隊，自己逃回，應該問斬，以示將軍之威。」

軍法官說：

「不應該問斬。所謂『寡不敵眾』，蘇建的情形正是如此。蘇建以數千人抵擋單于數萬人，激戰一天多。雖然全軍盡沒，仍不敢懷有二心，奔馳而回，可見其忠。如果失軍逃回就處死，以後誰還敢回來。」

軍法官說得入情入理，衛青依法自可決定蘇建的罪狀，可是衛青卻說：

「我以大將軍統率諸將，不怕沒有威名，所以不必為了立威斬蘇建。我在職權上應該有權論處蘇建，但是皇上相信我，我不能擅自在境外論部將之罪，還是回朝後請示皇上，由皇上親自裁決，以示做人臣子不敢專權獨斷，不知各位意下如何？」

軍法官和議郎自然沒有異議，於是把蘇建關起來，隨軍送回京師。

依武帝以往的事例，蘇建自然無法逃過降為庶民的命運。回京師後，武帝論罪，蘇建出贖金，贖為庶民，以前的功勳一筆勾銷。

少年將軍霍去病

在這次隨衛青北伐匈奴的將領中有一少年將軍，名叫霍去病。

霍去病是衛青的外甥。衛青有三個姊姊。大姊衛孺嫁給太僕公孫賀為妻；三姊衛子夫是武帝皇后；二姊衛少兒與小吏霍仲孺私通，生下霍去病，所以霍去病也跟衛青一樣是私生子。霍去病出生時，霍仲孺離開衛少兒母子回到故鄉。後來，衛少兒又與陳平的曾孫陳掌私通，妹妹衛子夫得武帝寵愛後，衛少兒才與陳掌正式結婚，霍去病也在陳掌家中撫養長大。

霍去病十八歲時，因阿姨衛子夫（已封為皇后）的關係，應召入宮擔任侍中。元朔六（西元前一二三）年，隨舅舅衛青出擊匈奴。此役，漢軍雖勝，卻失去了兩員大將趙信和蘇建。趙信投降匈奴，蘇建被降為庶民；衛青亦因此沒得加封，而霍去病則為此役斬獲最多的將領，被封為冠軍侯，食邑一千六百戶。

元狩二（西元前一二一）年春天，霍去病年方二十，以驃騎將軍，獨當一面，領軍往隴西方面攻擊匈奴。經過焉支山（甘肅丹縣東的大黃山），西進一千多里，與匈奴大軍激

戰，殺了折蘭王和盧胡王，俘擄渾邪王的兒子和相國、都尉，斬敵首八千多具，還奪得休屠王祭天的金人（銅像）。班師回國後，論賞加封兩千戶。

同年夏天，漢分軍出擊匈奴。李廣與通西域的張騫從右北平（河北省北部）攻擊匈奴，霍去病與公孫敖從隴西方面襲擊匈奴。

李廣軍從右北平北征，行數百里，為匈奴左賢王四萬騎所圍，李廣軍隊只有四千騎。李廣軍看見敵人排山倒海般縮小包圍圈，莫不恐懼萬分。李廣為安定軍心，命令兒子李敢率領數十騎，奔向匈奴軍，穿越敵人包圍圈，再往敵軍左右奔繞一圈回來，對李廣說道：

「敵軍很容易對付。」

李廣軍心才穩定下來。

不久，匈奴軍發動攻擊，矢如雨下。漢軍死傷過半，箭也快用完。於是，李廣下令士兵按箭上弓，不得擅自發射，自己拿起能發連珠箭的特製大弓，射殺了好幾名敵將，敵軍的攻勢才放鬆。

剛好這時天已漸黑，雙方罷戰。漢軍士兵個個面無人色，只有李廣神色自如，重新整頓軍隊，軍中士兵莫不佩服李廣的豪勇。

第二天戰鬥又開始，李廣軍仍然奮勇作戰，適逢張騫援軍趕到解圍，匈奴軍終於離去。此役，張騫因延誤行期，論罪當斬，同樣贖為庶人。李廣雖奮勇作戰，卻因戰功不多，沒

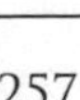

有任何賞賜。

另一方面，霍去病與公孫敖分道從隴西出擊。霍去病軍越過居延，到了甘肅的祈連山，俘虜了單于閼氏（ㄧㄢ ㄓ yān zhī）（單于妻子）及太子、相國、將軍等六十三人，斬敵首三萬人以上，因功加封五千戶；而公孫敖因迷途也遭遇了與張騫同樣的命運。

霍去病所以能連戰皆捷，主要是他的部隊比其他老將的部隊優良，有最好的將領、士兵和馬匹。也就是說，出征時，武帝都讓他先選精兵良馬，選剩的才分給老將。有了精兵良馬，而霍去病又膽大勇敢，身先士卒，戰勝的機會更多。此外，其他老將，如李廣等，往往運氣不佳，雖身先士卒，亦無戰功可言，而霍去病卻有天大的好運，不曾遭到任何困厄。其實，在困厄下能臨危不亂扭轉局面，才看得出大將的真本領。然而，就在這幸與不幸之間，霍去病的功勳一天比一天顯赫，武帝也越來越相信他，霍去病的地位已與大將軍衛青相埒。

由於霍去病此役的大捷，匈奴西邊防線已崩潰。單于大怒，想殺渾邪王。渾邪王恐懼，向漢投降。武帝怕其中有詐，便派霍去病率軍去迎接。

霍去病軍渡過黃河，與渾邪王軍隊相望。渾邪王的部將看到漢軍，有許多不願意投降，想逃走。霍去病乘勢驅軍奔入匈奴軍中，斬殺了八千多個想逃亡的人。然後用馬車載著渾邪王，先送回長安，自己再領著投降的匈奴人回到長安。

武帝賞賜這些投降的匈奴人幾十萬金，封渾邪王為漯陰侯（漯，音ㄌㄨㄛˋ luò，在今河南鄢城縣屬漯河鎮），食邑萬戶。霍去病也加封一千七百戶。

渾邪王投降後，從中國到西域的通道上，匈奴勢力已完全被驅除。這通道——即河西地——也成了中國的領土。可是，漠北還有匈奴的根據地，所以什麼時候會再度入侵中國領土，仍未可知。

沙漠上的大決戰

果然，不久之後，匈奴單于親率大軍侵入右北平和定襄（山東大同西北），殺了一千多名漢人。因而，要想使匈奴不再侵擾邊境，唯一的辦法只有粉碎匈奴的根據地。

元狩四（西元前一一九）年春天，武帝決定大舉攻擊匈奴的根據地，組織了大規模的征匈奴軍。衞青和霍去病擔任這次總攻擊的司令官，各率五萬騎兵和幾十萬步兵部隊和運輸部隊。而精銳部隊都歸霍去病指揮。

霍去病軍從定襄出擊，指向單于根據地。後來聽俘虜說單于據點在東邊。於是，武帝更改命令，由霍去病率軍從代郡（山西大同）向東北進擊，而衞青從定襄向西北進擊，準

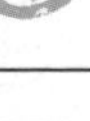

備分兩路向匈奴發動總攻擊。

衛青軍離開長城前行千餘里，意外地碰到單于軍嚴陣以待。原來單于聽從漢降將趙信的計謀，認為漢軍遠渡沙漠，人馬俱疲，可一舉而消滅，便把輜重運到北方，自率精兵等待衛青部隊。

衛青遇見匈奴兵，用兵車圍成圓形，構築戰陣，而令五千騎衝匈奴軍；單于也派出萬騎迎戰。這時，太陽剛要下山，突然起了大風，飛沙走石，擊人臉面。兩軍彼此見不到對方。衛青立即下令左右兩翼包抄單于。

單于見漢兵眾多，士氣高昂，再戰下去，對匈奴不利，便乘著六頭馬車，率領幾百個騎兵，直衝漢軍，突圍往西北奔馳而去。

兩軍繼續戰鬥到天黑，雙方死傷相當。

從俘虜口中知道單于早已離去，衛青立刻派輕騎軍追蹤，自己率大軍從後掩護，匈奴軍也不再戀戰，紛紛逃走。到第二天清晨，漢軍已追逐兩百多里，仍為單于逃逸而去。此役，衛青軍斬殺、捕獲了一萬多人，並得匈奴積存的糧食，給匈奴致命的打擊。單于逃逸，很久無法與匈奴人會合，右谷蠡王以為單于已死，自立為單于。後單于回歸根據地，右谷蠡王遂去單于稱號，仍任原職。

此役，飛將軍李廣也參加了衛青的部隊。原先，李廣請武帝讓他隨軍出征，武帝認為

李廣年紀已大，不肯答應。李廣一再請求，武帝才答應他隨衛青出征，任前將軍（先鋒部隊司令）。

出長城後，衛青知道了單于所居之處，想親自率軍攻打，便命令李廣與右將軍一起改走東道。可是，東道不僅要繞路而行，同時水草缺乏，騎兵隊容易迷路，且不易通行。因而，李廣向衛青請求說：

「我是前將軍。前將軍理應率領先鋒部隊直接攻擊匈奴。現在，大將軍為何叫我從東道走呢？我從少年時候就與匈奴交戰，現在才有機會跟單于直接交鋒，我願領先跟單于拚死一鬥。」

可是，大將軍臨行前，武帝曾對他說：

「李廣年紀已大，而且屢戰屢敗，不要讓他與單于正面交鋒，以免失去了擒拿單于的機會。」

而且，少年時曾救過衛青性命的公孫敖，剛贖為庶民，衛青有意讓他在這次戰役中跟單于正面交鋒，以立功勳，恢復封邑。因此，不管李廣怎麼要求，衛青就是不肯答應。並下正式命令給李廣說：

「速依命令，從東道出擊！」

李廣只好奉命，滿心不平地率軍跟右將軍一起從東道出擊。由於沒有嚮導，果然在沙

漠中迷失了方向，以致無法在預定日期跟大將軍會合。大將軍追擊單于，無功而回，向南越過沙漠，才遇到前將軍李廣等人。

衛青命令長史帶著食物和酒去見李廣；順便調查李廣等迷路的情形，以便向皇帝提出詳細的軍事報告。李廣還沒回答。衛青又派長史嚴責李廣說：

「速到大將軍處，報告一切！」

「我的部下都沒罪，是我自己迷失了道路。我會馬上做成報告書，送到大將軍那裡。」

長史離去後，李廣召集部屬，說：

「我自少年以來已跟匈奴打了大小七十多仗。這次本以為可以幸運地跟單于短兵相接，想不到大將軍竟把我調去走遠路，偏又迷失了道路，這難道不是天意嗎？我現在已六十多歲，哪堪再受軍法小吏的調查與侮辱！」

說完話，李廣拔刀自刎而死。李廣所部全軍，無論將領士卒，莫不悲哭。老百姓知道後，無論認識與否，不管老人或年輕人，個個悲傷垂淚，哀悼李廣的死。

霍去病本是對準向東移動的單于而從代郡出擊，但遇到的卻是據守匈奴東方據點的左賢王。霍去病率領李敢出代郡前行兩千里，遇見匈奴左賢王，接戰，大勝。斬敵首七萬多，左賢王逃走，霍去病軍直達瀚海而還。

霍去病斬獲比衛青多，加封霍去病五千八百戶，部下也都依功封賞。大將軍衛青及其

部下則沒有任何賞賜。

武帝又新設大司馬，令衞青與霍去病充任其職。兩人的地位已相當，福祿也相同。從這以後，大將軍衞青的聲望逐漸下降，而霍去病卻日益顯赫。因此，衞青的朋友和賓客大都離開衞青，投奔霍去病，因為投奔霍去病，更容易獲得官職。

從衞青和霍去病攻擊匈奴根據地以後，匈奴已遷移到漠北，長城附近再也見不到匈奴人，這次戰役，漢兵死了好幾萬人，馬匹也喪失十一萬。在這些連緜不絕的戰役中，漢朝充裕的財政逐漸耗盡，馬匹也大為減少，已經無力再越過長城，征伐匈奴了。兩年後，元狩六（西元前一一七）年，霍去病去世，年僅二十四歲。

武帝的這三位將軍李廣、衞青與霍去病，對部屬的態度極為不同。李廣愛護士兵，受到賞賜都分給部屬，與士兵共飲共食。出征赴沙漠，缺水時，發現水源一定先讓士兵喝；缺糧時，獲糧先讓士兵吃，而自己不吃，所以士兵都非常愛戴李廣。

衞青對人仁慈退讓，以和柔討好武帝，但卻沒有一個人稱讚他，其虛矯概可想見。

霍去病少年得志，果敢自傲，往往置士兵生死於不顧。每次出征，霍去病都帶著數十輛車，回來時車中仍有吃不完的肉類，士兵卻面有飢色。在塞外，士卒缺糧，打不起精神，霍去病卻吃得飽飽的，還玩蹋羽球的遊戲。其自私自利，由此可見一斑。

這三位將軍對待士卒如此不同，遭遇也迥然而異。與士卒同甘共苦的李廣可說是一生

沒有好運氣的悲劇人物；而虛矯的衞青與自私的霍去病卻是得天惠的幸運者。不過，霍去病在戰場上雖得天獨厚，在壽命方面卻不得天賜。就霍去病的一生而言，實令人有天道無常之感。

稱述，或通一藝者，皆可為官。公孫弘即由此途徑任官。第二是考試及格者，如太史試學童，能讀寫九千字以上者可為吏。試六體，及格者可任尚書、御史或史書令史。第三是任子制，父兄食祿兩千石以上者，子弟可為「郎」。家財眾多者，亦可為「郎」，此即「富貲」制。第四是買官，即用錢買官，其價不定。第五是依公孫弘建議，設博士弟子五十人，亦即十八歲以上品行優良者可任博士弟子。一年後考試及格，可任文學、掌故。此法通過後，俸祿低而勤學（儒學）者亦可為官。

司馬談任太史令，祿六百石，任子之途行不通；司馬家非豪商巨農，富貲、買官也不可能。所以，司馬遷出任郎中，可能是憑學力得來的。

出任郎中後，司馬遷第二度因公離開長安出遊，「奉使西征巴蜀以南，南略邛、筰、昆明，還報命。」（〈太史公自序〉）《史記集解》說：「元鼎六年，平西南夷，其明年，元封元（西元前一一〇）年也。」元封元年是漢武帝第一次封禪泰山之年。這一年也是司馬遷從西南夷回都的時候。司馬遷一回首都就碰到父親司馬談臨死的局面。司馬談之死，據〈太史公自序〉說，是因為不能參加封禪大典，故「發憤且卒」。為何不能參加封禪？可能是因為生病或其他突發事故。不能參加封禪何至於就「發憤且卒」？因為太史公的職掌除掌管皇室紀錄與文獻之外，也掌管天文與祭祀。而封禪是祭祀天地的大典，身居太史令不能參與此事，對司馬談這個忠於職守的人來說，可能是一件奇恥大辱，而其激越的性

格，更助長了他的「氣憤」之情（這是從司馬遷的性格逆推而論），以至於「發憤且卒」。天文、祭祀之職既不能圓滿達成，只有寄望於自己的另一職務——整理皇室文獻紀錄能畢竟全功，但自己的生命已至極限，勢必無法完成，只有交託於兒子司馬遷了。

> 子遷適使反，見父於河洛之間，太史公（司馬談）執遷手而泣曰：「余先周室之太史也。自上世嘗顯功名於虞夏，典天官事。後世中衰，絕於予乎？汝復為太史，則續吾祖矣。今天子接千歲之統，封泰山，而余不得從行，是命也夫，命也夫！余死，汝必為太史；為太史，無忘吾所欲論著矣。且夫孝始於事親，中於事君，終於立身。揚名於後世，以顯父母，此孝之大者。夫天下稱誦周公，言其能論歌文、武之德，宣周、邵之風，達太王、王季之思慮，及於公劉，以尊后稷也。幽厲之後，王道缺、禮樂衰，孔子脩舊起廢，論《詩》、《書》，作《春秋》，則學者至今則之。自獲麟以來，四百有餘歲，而諸侯相兼，史記放絕。今漢興，海內一統，明主、賢君、忠臣、死義之士，余為太史而弗論載，廢天下之史文，余甚懼焉，汝其念哉！」遷俯首流涕曰：「小子不敏，請悉論先人所次舊聞，弗敢闕。」

司馬談把纂寫歷史的責任交給司馬遷，司馬遷也接受了。司馬談死時，司馬遷約三十六歲。三年後，亦即司馬遷三十九歲左右，繼父職為太史令。

司馬遷從二十多歲任郎中，一直到三十九歲左右都沒有升遷，官運著實不佳。到三十九歲出任太史令，也只不過從秩祿三百石的郎中升到六百石的太史令。從三十九歲到四十二歲，以太史令身分參加修曆工作，完成了《太初曆》。《太初曆》完成後，武帝即改元為太初。太初元年為西元前一〇四年。從此，司馬遷開始著手寫《史記》，當然在此之前，他已「紬史記石室金匱之書」。

在司馬遷就任太史令以前，漢代的思想氣氛已跟以前大不相同。如所周知，秦以法家思想為統治基礎；漢初尚黃老之術。到漢武帝時，黃老之術逐漸後退，儒家思想日益顯彰。在這過程中，崇黃老之術者仍然存在，如汲黯即是。司馬談也「習道論於黃子」，而「黃生好黃老之術」（《史記集解》）。

儒家思想已逐漸成為國家正統之學。建元元（西元前一四〇）年，董仲舒建議以儒學為國家正統之學，武帝接受。五年後設五經博士，儒家思想日益興隆。建元元年，司馬遷六歲；設五經博士時，司馬遷十一歲。司馬遷「誦古文」時，儒家已漸成國家承認的正統之學，司馬遷受儒家影響概可想見。

而當時「陰陽五行說」也日益盛行。陰陽五行說乃戰國時代鄒衍所提倡，專門解釋萬物變化之理。陰陽說是將現世存在的天地、日月、寒暑、明暗、晝夜、山川、男女、奇數

偶數等一切事物均分為陰與陽，兩者調和才形成自然。五行說是將萬物的推移變化還原為木、火、土、金、水五元素的變化，由此而產生五行相勝說與五行相生說。五行相勝說是指木剋土、金剋木、火剋金、水剋火、土剋水的變化過程。五行相生說則指木生火、火生土、土生金、金生水、水生木的變化過程。五行不僅與黃、青、赤、白、黑五色，中央、東、南、西、北五方，春、夏、中、秋、冬五季相對應。每個朝代也有與五行相對應的德，朝代的交替也即是五德的推移。例如《史記．周本紀》說：「武王渡河，中流，白魚躍入王舟中，武王俯取以祭。既渡，有火自上復於下，至於王屋，流為烏，其色赤。」白是殷的正色，赤是周的正色。白為金德，赤為火德。火剋金，意指周滅殷。又如〈高祖本紀〉中有赤帝子斬白蛇的故事。秦為金德，尚白，漢為火德，尚赤。火剋金，故漢滅秦。

再者，「天人合一」之說在當時也甚流行。天人合一之說也可以說是天人相關說。古代中國人相信，天上有一個最高的神——天帝支配著人。但天帝「無聲無息」，人無法直接探知其意志，因而認為天上的日月星辰的動態與變化，會表現出天帝的意思，亦即天文現象是天帝對人的意志表現，天和人有密切關係。因而一旦發生天地變異，就顯示地面上的人德有未修之處，必須深加反省。儒者董仲舒通此理，他「以春秋災異之變，推陰陽所以錯行，故求雨閉諸陽，縱諸陰，其止雨反是。」（《史記．儒林列傳》）

司馬遷身任太史令，擔任天文曆法，想必也相信天人相關說。例如，秦國統一天下，

「非必險固便形勢利也，蓋若天所助焉」（〈六國年表〉）。漢高祖以平民起兵反秦，擁有天下，司馬遷說：「豈非天哉，豈非天哉！」（〈秦楚之際月表〉）〈魏世家・論贊〉說：「說者皆曰魏以不用信陵君故，國削弱至於亡，余以為不然。天方令秦平海內，其業未成，魏雖得阿衡之佐，曷益乎？」這些都顯示司馬遷相信天人相關說。

司馬遷雖然相信天人相關說，雖然受當時的思想氣氛影響，但他畢竟是個歷史家，歷史敘述必須客觀。在客觀敘述中自能顯示其歷史法則。

司馬遷嘗學於董仲舒（參閱日人加地伸行《史記》頁十八），亦曾從學孔安國。孔安國治古文《尚書》，《尚書》就某種意義而言，也是歷史著作或史料集。司馬遷學此可能已開始培養重視史實的精神。董仲舒治《春秋公羊傳》，公羊學是歷史哲學、歷史解釋學，欲在歷史中尋求其法則性；司馬遷對《春秋》公羊學似乎頗為心儀。在他擔任太史令，跟上大夫壺遂討論歷史著述時，他稱讚《春秋》說：「夫《春秋》，上明三王之道，下辨人事之紀，別嫌疑，明是非，定猶豫，善善惡惡，賢賢賤不肖，存亡國，繼絕世，補敝起廢，王道之大者也。……故《春秋》者，禮義之大宗也，夫禮禁未然之前，法施已然之後。法之所為用者易見，而禮之所為禁者難知。」壺遂問他寫史是不是想比擬《春秋》筆法，司馬遷卻說：「且余嘗掌其官，廢明聖盛德不載，滅功臣世家賢大夫之業不述，墮先人所言，罪莫大焉。余所謂述故事，整齊其世傳，非所謂作也，而君比之於《春秋》，

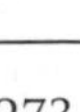

傳，非所謂作也」，亦即在於客觀的敘述，而無《春秋》筆削之意。

司馬遷確定撰述方針之後，從太初元（西元前一〇四）年開始提筆撰寫。五年後，司馬遷四十七歲時，突然遭遇了李陵事件。在他的人生歷程中，李陵事件給他帶來了莫大的變化，甚至是屈辱性的變化。

二

在武帝時代，討伐匈奴之役約可分為兩個階段。前一階段，從元光七（西元前一二九）年到元狩四（西元前一一九）年，以李廣、衛青、霍去病等為征匈奴主角，在河套地方設了朔方郡，在河西設了四郡，是漢武帝對外擴張政策最輝煌的時期。後一階段，從天漢二（西元前九九）年到征和三（西元前九〇）年，前後約十年，是以李廣利為征匈奴戰爭的主角，但是這一階段的成果並不豐碩。天漢二年，李陵敗降匈奴；征和二年，李廣利又敗降匈奴。

李陵是神箭飛將軍李廣的孫子，「善射，愛士卒」，「天漢二年秋，貳師將軍李廣利將三萬騎擊匈奴右賢王於祁連天山，而使陵將其射士步兵五千人出居延北可千餘里，欲以分匈奴兵，毋令專走貳師也。陵既至期還，而單于以兵八萬圍擊陵軍。陵軍五千人，兵矢既盡，士死者過半，而所殺傷匈奴亦萬餘人。且引且戰，連鬥八日還未到居延百餘里，匈奴遮狹絕道，陵食乏而救兵不到，虜急擊招降陵。陵曰：『無面目報陛下。』遂降匈奴。其兵盡沒，餘亡散得歸漢者四百餘人。」（《史記．李將軍列傳》）李陵以少擊眾，敗降匈奴的消息傳到京師後，朝野的怨懟全集中在李陵家人，而司馬遷雖與李陵並非至交，對李陵的為人卻有相當的了解，「僕觀其為人，自守奇士，事親孝，與士信，臨財廉，取與義，分別有讓，恭儉下人，常思奮不顧身，以徇國家之急，其素所蓄積也。僕以為有國士之風。」（《文選．報任少卿書》）至於李陵之敗降，司馬遷也有同情的了解，「李陵提步卒不滿五千，深踐戎馬之地，足歷王庭，垂餌虎口，横挑強胡，事億萬之師，與單于連戰十有餘日，所殺過半當，虜救死扶傷不給，旃裘之君咸震怖，乃悉徵其左右賢王，舉引弓之人，一國共攻而圍之。轉鬥千里，矢盡道窮，救兵不至，士卒死傷如積。然陵一呼勞軍，士無不起躬自流涕，沫血飲泣，更張空拳，冒白刃，北嚮爭死敵者。」李陵「身雖陷敗，彼觀其意，且欲得其當而報於漢；事已無可奈何，其所摧敗，功亦足以暴於天下矣。」（同上）

基於這種認識，司馬遷認為李陵之敗降有其苦衷。所以當武帝以此事下問時，司馬遷不顧一切，推舉李陵之功，「欲以廣主上之意，塞睚眦之辭」，想不到武帝卻以為司馬遷

在指責寵妃李夫人的哥哥李廣利不救李陵，將之下獄，接著又傳來李陵訓練匈奴軍隊的消息，司馬遷遂被處死刑。

日人加地伸行以〈平準書〉的內容為線索，認為司馬遷被下獄，不單是為李陵辯護，因為單為李陵辯護，暗責李廣利，應不至於觸怒武帝，以致下獄。加地認為司馬遷為李陵辯護時，一定也批評了武帝的匈奴政策。因為在〈平準書〉中有一大半內容都在描述漢代財經由漢初以來的富裕，到武帝時經濟破綻的過程；而經濟破綻的原因又來自征伐匈奴。（見〈酷吏列傳〉）所以，加地認為司馬遷藉李陵事件批評武帝匈奴政策的可能性很大。（參閱加地伸行《史記》）

被處死刑，有兩種方法可以減輕罪行，得免於死。一種是以金錢贖罪。《史記》中常有「當斬，贖為庶人」的紀錄，而且常出現在武帝時代，如李廣、張騫等都曾親身經歷。天漢二年的贖金須五十萬錢（《漢書．武帝紀》）。而太史令的秩祿六百石約合錢三千五百，則一年收入僅錢四萬兩千（見褚道菴〈兩漢官俸蠡測〉，《食貨》第一卷十二期）。所以要靠薪俸來贖罪，除非十年不吃飯。當然，有豐厚的家產另當別論，可是司馬遷「家貧，貨賂不足以自贖；交遊莫救，左右親近不為一言。」（《文選．報任少卿書》）以錢贖罪，行不通。

第二種方法是接受「宮刑」，司馬遷要免死刑，只有接受這種戲弄人的刑罰——割切

生殖器。這種刑罰一般讀書人都寧死不願接受，而司馬遷卻毅然接受，他自述其接受宮刑的心境說：

> 僕又佴（ㄦˋ è）之蠶室，重為天下觀笑。悲夫，悲夫！事未易一二為俗人言也。僕之先人非有剖符丹書之功，文史星曆近乎卜祝之間，固主上所戲弄，倡優所畜，流俗所輕也。假令僕伏法受誅，若九牛一毛，與螻蟻何以異？而世又不與能死節者，特以為智窮罪極，不能自免，卒就死耳。何也？素所自樹立使然也。人固有一死，或重於太山，或輕於鴻毛，用之所趨異也。（〈報任少卿書〉）

父親遺言這時可能已縈迴胸際：「夫孝始於事親，中於事君，終於立身。揚名於後世以顯父母，此孝之大者。」因而在有「素所自樹立使然」的自覺下，雖有「身毀不用」（〈太史公自序〉）之悲，仍然接受他稱為「最下腐刑極矣」（〈報任少卿書〉）的「腐刑」（宮刑）。因為他不能死，他說：「僕雖怯懦欲苟活，亦頗識去就之分矣。何至自沉溺於縲紲（ㄌㄟˊ ㄒㄧㄝˋ léi xiè）之辱哉？且夫臧獲婢妾，猶能自引決。況僕之不得已乎？」他「不得已」而苟且偷生，是因為父親交代的工作——續《春秋》還沒有完成，「所以隱忍苟活，幽於糞土之中而不辭者，恨私心有所不盡，鄙陋沒世，而文彩不表於後世也。」（同上）

於是，他想起了過去與自己同樣際遇的人。他們沒有被不幸際遇打倒，反而挺身而起，克服了不幸，完成了不朽名著，獲得了永恆的生命。

> 夫詩書隱約者，欲遂其志之思也。昔西伯羑里，演《周易》；孔子戹（ㄜˋ è，同「厄」）陳蔡，作《春秋》；屈原放逐，著〈離騷〉；左丘失明，厥有《國語》；孫子臏腳，而論《兵法》；不韋遷蜀，世傳《呂覽》；韓非囚秦，〈說難〉、〈孤憤〉；《詩》三百篇，大抵賢聖發憤之所為作也。此人皆意有所鬱結，不得通其道也，故述往事，思來者。（〈太史公自序〉）

在父親遺言「揚名於後世，以顯父母」的大孝之下，克服「為鄉黨所笑，以汙辱先人」（〈報任少卿書〉）的不孝意識，一定要完成《史記》，接續孔子的偉業。這使他不懼恥笑，以「刑餘之人」挺身而起，以永恆的名山之業，克服短暫的有身之辱。

> 僕竊不遜，近自託於無能之辭，網羅天下放失舊聞，略考其行事，綜其終始，稽其成敗興壞之紀。上計軒轅，下至於茲，……亦欲以**究天人之際，通古今之變，成一家之言**。草創未就，會遭此禍，惜其不成，是以就極刑而無慍色。僕誠以著此書，

藏之名山，傳之其人，通邑大都，則僕償前辱之責，雖萬被戮，豈有悔哉！（〈報任少卿書〉）

可是，命運彷彿跟司馬遷開玩笑一樣，李陵為匈奴訓練軍隊的消息，原來是誤傳。替匈奴訓練軍隊的不是李陵，而是李緒。消息雖已證明為誤，司馬遷卻已遭受腐刑，再難挽回。而司馬遷在〈報任少卿書〉中一再稱為「英主」的武帝，似乎毫無愧疚之心，仍然讓司馬遷在牢中囚了兩年。到改元太始（西元前九六年），大赦天下，司馬遷才出獄，任中書令，時年五十。出獄後，司馬遷繼續寫《史記》，大約到武帝末年（西元前八六年）才完成。

三

司馬遷雖然憑使命感與意志力克服了肉體殘缺的深重屈辱，但他畢竟是人，在非正義的社會，受非人的刑罰，有血性的人自然難免有意無意之間，在自己的行為中表露出受創的反應。若是著作家，流露於著述中的可能性更大。

經過腐刑之後，從某種意義來說，司馬遷已是殘缺之人，因而在潛意識中他對殘缺的

人似乎特別關心。現以「失明」為例，觀看《史記》中的記載。

⑴〈呂太后本紀〉：「太后遂斷戚夫人手足，去眼，煇耳，飲瘖藥，使居廁中，命曰人彘。」

⑵〈伍子胥列傳〉：伍子胥「告其舍人曰：必樹吾墓上以梓，令可以為器；而抉吾眼懸吳東門之上，以觀越寇之入滅吳也。」

⑶〈刺客列傳〉：聶政「杖劍至韓，韓相俠累方坐府上，持兵戟而衛侍者甚眾。聶政直入，上階刺殺俠累，左右大亂。聶政大呼，所擊殺者數十人，因自皮面決眼，自屠出腸。遂以死。」又，荊軻的至友高漸離欲刺秦始皇以為荊軻報仇，為人識破。「秦皇帝惜其善擊筑，重赦之，乃矐其目。使擊筑，未嘗不稱善，稍益近之，高漸離乃以鉛置筑中，復進得近，舉筑朴秦皇帝，不中。於是遂誅高漸離。」

在上述數例中，「失明」原因各不相同，除高漸離為復仇意志而忍受軀體殘缺之痛外，都與憤懣和震怒有關，戚夫人之「失明」是因呂后憤怒。伍子胥的「抉眼」跟吳王夫差「失明」，不聽良言，必至失國有關，其中亦滿含「憤懣」之情。而聶政為嚴仲子刺韓相俠累，得手後，為讓人不知自己是誰，竟然「自皮面決眼，自屠出腸」。要人不識，「皮面」（刀割臉皮）即足矣，何須再「抉眼」，是否表示意志之堅？若然，則與高漸離相近。是否表示其震怒，以示情之剛烈？若然則與伍子胥略近。總之，上述諸人的失明可能都與意

志、怨懟、剛烈有關，這似乎與司馬遷自己受刑後的心理狀況頗有關聯。

佛洛依德在《可怕的人》中說：「研究夢、幻想與神話可知，失眼的不安與失明的不安常常是閹割焦慮的補償。神話的犯罪者伊底帕斯用自己的手使自己失明，為的是要用贖罪法來減輕閹割之罰。」（見高橋義孝譯《藝術論》，頁二七四，日本教文社）此即佛洛依德所說的「閹割情意結」。這種理論是否可用在司馬遷身上，當然大有問題，聊備一說而已。

不過，司馬遷忍辱顯名的意圖已明顯地表現在《史記》中。例如〈伍子胥列傳〉中敘述子胥不死復仇的過程（參閱本書〈吳越之戰〉）之後，說道：「怨毒之於人甚矣哉！王者尚不能行之於臣下，況同列乎？向令伍子胥從奢俱死，何異螻蟻。棄小義、雪大恥，名垂於後世，悲夫！方子胥窘於江上，道乞食，志豈嘗須臾忘郢邪？故隱忍就功名，非烈丈夫孰能致此哉？」若將這段話跟〈報任少卿書〉並讀，應可見其意圖。

又，〈季布欒布列傳〉中敘述說，季布是項羽部將，常使劉邦受窘。項羽敗後，劉邦出千金搜查季布，必欲得之而後快。季布落髮，衣粗布衣，投身魯朱家為奴。後經劉邦寬赦，出任漢郎中，惠帝時為中郎將，進而出任河東守。司馬遷對季布的論讚是「季布以勇顯於楚……可謂壯士。然至被刑戮，為人奴而不死，何其下也！彼必自負其材，故受辱而不羞，欲有所用其未足也，故終為漢名將。賢者誠重其死。」很明顯，這也是司馬遷的夫

子自道。

司馬遷對自己的受辱似乎相當自覺，受辱不死是為了揚名顯父母，揚名顯父母的方法則為著書垂後世，成不朽之業。以此觀之，他似乎已為成名的意志與意念所拘，但在究天人之際，通古今之變時，他的心靈已恢復自由。他從史官的拘束回到了在野史家的身分，可以憑自己的意願敘述歷史，不必受皇帝史官身分的拘束。他是經歷過「死亡」的人。他已從人類最不能自由的「死亡」中獲得解放，成了永恆之人。自覺是永恆的人、自由的人，就能以自由的眼光凝視受種種不自由束縛的人，成為人類永恆的記錄者。所以司馬遷何時去世，我們不知道，但他的歷史紀錄卻已成了人類永恆的寶藏。

從皇室史官（太史令）變身為在野史家之後，司馬遷對自己身蘊其中的天人相關說似乎也表示懷疑了。司馬遷說：「或曰：『天道無親，常與善人。』若伯夷、叔齊，可謂善人者非邪？積仁絜行如此而餓死！且七十子之徒，仲尼獨薦顏淵為好學。然回也屢空，糟糠不厭，而卒蚤夭。天之報施善人，其何如哉？盜蹠日殺不辜，肝人之肉，暴戾恣睢，聚黨數千人橫行天下，竟以壽終，是遵何德哉？此其尤大彰明較著者也。至若近世，操行不軌，專犯忌諱，而終身逸樂，富厚累世不絕；或擇地而蹈之，時然後出言，行不由徑，非公正不發憤，而遇禍災者，不可勝數也。余甚惑焉，儻所謂天道，是邪非邪？」（〈伯夷列傳〉）這不僅是對天道之疑惑，也兼述了自己的遭遇。

在天道與人世的不相配合之下，他認為只有人各從其志，可為則為之，不可為則從吾所好（〈伯夷列傳〉）。日人宮崎市定認為這正是自由人的表現（見宮崎市定《史記を語る》，岩波新書）。可是，賢人善人如伯夷、叔齊者，若非有人記述，即沒而不彰。「伯夷、叔齊雖賢，得夫子而名益彰。顏淵雖篤學，附驥尾而行益顯。巖穴之世，趣舍有時若此，類名堙滅而不稱，悲乎！閭巷之人，欲砥行立名者，非附青雲之士，惡能施於後世哉？」（〈伯夷列傳〉）史家是自由人，卻有傳述各類人的責任。司馬遷不僅自己要顯名於後世，也要他人顯名於後世，非「人類的史家」焉能至此！

四

司馬遷紹續父業，以「人類史家」的眼光完成了不朽名著《史記》。《史記》原名《太史公書》。

司馬遷自敘其撰述的意圖與構成說：「網羅天下放失舊聞，王跡所興，原始察終，見盛觀衰，論考之行事，略推三代，錄秦漢，上記軒轅，下至於茲。著十二〈本紀〉，既科條之矣。並時異世，年差不明，作十〈表〉。禮樂損益，律曆改易，兵權山川鬼神，天人之際，承敝通變，作八〈書〉。二十八宿環北辰，三十輻共一轂（ㄍㄨˇ gǔ），運行無窮，

輔拂股肱之臣配焉，忠信行道，以奉主上，作三十〈世家〉。扶義俶儻（ㄊㄧˋ ㄊㄤˇ tì tǎng，同「倜儻」），不令己失時，立功名於天下，作七十〈列傳〉。凡百三十篇，五十二萬六千五百字，為《太史公書》。」（〈太史公自序〉）

由上述引文可知司馬遷著述的意圖。至於《史記》的結構，「〈自序〉也說明係由「本紀」、「表」、「書」、「世家」、「列傳」五部分組成。

所謂「本紀」，有謂：「紀者記也，本其事而記之，故曰本紀。」（《史記索隱》）這是事實紀錄的意思，亦即依據皇室紀錄寫成的帝王歷史。有謂「紀，理也，絲縷有紀，而帝王書稱紀者，言為後代綱紀也。」（同上）亦即以本紀作為後世的綱紀。又有云：「本者，繫其本系，故曰本；紀者理也，統理眾事，繫之年月，名之曰紀。」（《史記正義》）所謂「繫其本系，統理眾事」，依加地伸行的說法，是指排比受天命的天子位，以統治世界。

總之，所謂「本紀」有兩種說法，一是把紀做「記」解，一做「理」解。而司馬遷自己則以「科條之」來解釋〈本紀〉的內容，再從〈本紀〉本文觀之，則類似編年體，有《春秋》之意。是則〈本紀〉以縷述事實為主（即以「記」解），再從事實的條列顯示理紀。

十二〈本紀〉係以帝王的歷史為中心。但在十二本紀中有〈秦本紀〉、〈項羽本紀〉和〈呂后本紀〉，此三紀似與其他本紀專述帝王者有所不同。依《史記》體例，〈秦本紀〉專

述秦始皇以前的秦國歷史，似應依同時代魏、趙等國之例，歸入〈世家〉，不應列入〈本紀〉。若如〈殷本紀〉追溯到契，〈周本紀〉追溯到后稷，則〈秦本紀〉似乎可納入〈秦始皇本紀〉中，無須另立，因為秦始皇統一中國以前的事跡亦併入〈秦始皇本紀〉中。宮崎市定認為，這只是為了讓讀者容易了解秦始皇統一中國的可能性，以免突兀之感，才設定這一篇（參閱宮崎市定《史記を語る》，頁二一）。這說法似乎有點牽強。

在〈太史公自序〉中，司馬遷對《春秋》稱讚備至。而〈本紀〉又有仿《春秋》之意（見阮芝生〈論《史記》五體及「太史公曰」的述與作〉，《臺大歷史系學報》第六期）。由孔子述《春秋》之意似乎可約略窺知司馬遷設〈秦本紀〉之用。〈秦本紀〉以前有〈五帝本紀〉、〈夏本紀〉、〈殷本紀〉、〈周本紀〉。〈五帝本紀〉的舜接連〈夏本紀〉的禹；〈夏本紀〉的「桀」接連〈殷本紀〉的湯；〈殷本紀〉的紂接連〈周本紀〉的周武王。〈周本紀〉從周武王之後直述至周亡。周赧王五十九（西元前二五六）年，周亡於秦，距秦王政（秦始皇）即位約有十年，若將〈秦本紀〉歸入〈世家〉，這十年即為王位的空白期。故司馬遷將〈秦本紀〉與〈周本紀〉等同列，一如周繼殷，殷繼夏之例；司馬遷在〈周本紀〉末尾說：「周君、王赧卒，周民遂東亡。秦取九鼎寶器，而遷西周公於𢡊（ㄉㄢˋ dàn）狐。後七歲，秦莊襄王滅東周，東西周皆入於秦，周既不祀。」顯然，司馬遷將秦視為周的繼承者，使周亡後的十年不致成為王位的空白期。

再者，十二〈本紀〉約可分為兩個系統。〈秦本紀〉以前為一系統，除五帝外皆稱王。〈秦始皇本紀〉以後為另一系統，除項羽、呂后之外皆稱帝。由此觀之，〈秦本紀〉作為〈周本紀〉之續是很顯然的。

十二本紀中，另有〈項羽本紀〉與〈呂太后本紀〉。項羽與呂后歸入〈本紀〉，似乎與《史記》體例不合。蓋項羽與呂后均未稱帝，而且兩者皆屬於〈秦始皇本紀〉以後的系統，未稱帝似乎不能列入〈本紀〉中。可是，從秦亡到漢高即位為帝之間，亦即從秦子嬰被殺的西元前二〇六年到劉邦即帝位的西元前二〇二年之間，也是帝位的空白期，《史記》從劉邦被封為漢王的時候起，雖用漢紀年，卻稱為「漢之元年」，而不稱「漢元年」，直到項羽亡後才稱「漢五年」，這是指在這五年間，天下實權操在項羽手上，司馬遷說：「然（項）羽非有尺寸乘勢，起隴畝之中，三年，遂將五諸侯滅秦。分裂天下而封王侯，政由羽出，號為霸王。位雖不終，近古以來未嘗有也。」從司馬遷這段話推測，項羽是繼秦而統有天下，在楚（項羽）滅秦到劉邦即帝位的五年之間，稱帝者雖有義帝，但義帝在位一年即被弒，尚留下四年的帝位空白期，若以「成者為王，敗者為寇」的觀念，抹殺項王，以漢王劉邦來填補這段空白，又名不符實，因為漢王也是霸王所封的。為了名實相符，司馬遷遂採變例，立〈項羽本紀〉，以上繼〈秦始皇本紀〉，下開〈高祖本紀〉。

呂后之立〈本紀〉從紀文中也可得到理解。一、女主稱制，太史公曰：「故惠帝垂

拱，高后女主稱制。」紀文又於少帝恭即位後說：「元年，號令一出太后，太后稱制。」呂后稱制故能封王諸呂，廢立太子。二、元年紀事。呂后於廢殺少帝恭後，「立常山王義為帝，更名曰弘。不稱元年者，以太后制天下事也。」而於下文紀事時，直書「五年」、「六年」……乃知非但少帝弘不紀元年，前此少帝恭即位之時之元年實呂后之年，非少帝恭之元年。由此觀之，呂后與帝王無異，故為之立〈本紀〉。（阮芝生，前揭文）

〈本紀〉之後是十〈表〉與八〈書〉。「表」類似今日的年表與系譜。而「書」則可說是文化與社會史，也可說是司馬遷思想的表現。〈太史公自序〉說：「禮樂損益，律曆改易，兵權山川鬼神，天人之際，承敝通變，作八〈書〉。」又說：「故禮因人質為之節文，略協古今之變，作〈禮書〉第一。」、「作〈平準書〉以觀事變。」這已顯示司馬遷作八〈書〉在於表現自己的思想，「是司馬遷之作八〈書〉，其目的在觀事變，通古今，究天人，有垂法後王之意。」（阮芝生，前揭文）

日人加地伸行認為司馬遷的八〈書〉（〈禮書〉、〈樂書〉、律書〉、〈曆書〉、〈天官書〉、〈封禪書〉、〈河渠書〉、〈平準書〉），除〈平準書〉之外，均有其內在關聯。首篇是〈禮書〉。禮是儒家特有的思想，目的在於陳述道德，道德具體化則為制度，禮的範圍極廣，上自政治，下迄家庭生活，莫不屬之。樂與禮密不可分。所謂「詩書禮樂」，禮與樂並行，故〈禮書〉之後置〈樂書〉。禮樂為儒者所熟知，故司馬遷進一步論及「樂」的理論。可是，當時禮樂既不可分，樂亦為教化的神聖工具，與藝術性、娛樂性無關，故樂論不只是技術性，亦與道德根源的天有密切關係。司馬遷乃列音樂理論的〈律書〉於〈樂書〉之後。〈律書〉述及音階。中國的音階有十二律，標準的最低音叫「黃鐘」。「黃鐘」之音係由長九寸、切口九平方分的竹管吹出。為與此音相對應，律管的體積為八一〇立方分。這是依《太初曆》（司馬遷曾參與修曆之事）朔望月的分母八十一而來。由此觀之，律音也有其形上學意義，而與天人合一思想有關。

〈律書〉與作曆的基本常數八十一有關，遂以此一基本常數為基礎，展開制曆理論，故〈律書〉之後為〈曆書〉。曆是由人製作的，卻也是宇宙運行的指針，但須不時經由觀測加以修正，由此自然與天文學發生關係。所以在〈曆書〉之後置〈天官書〉。但當時的天文學與現在的天文學意義不同，是以天人相關說為基礎，天文觀測的目的在於預測地上的人生活是否幸福，是否平穩。因而順從天意，不使天怒，乃人主所當為。祭祀乃其表現，故祭天的封禪列於〈天官書〉之後，為〈封禪書〉。但是，即使祭天，表示對天服從，有時天仍然會對人的行為表示不滿，發怒示警，降災異。因而治水修渠，避免災異一降，而不可收拾，遂為人主主要工作之一。〈封禪書〉之後列〈河渠書〉，即因此故。

由上觀之，〈平準書〉之外的七〈書〉與司馬遷的「究天人之際」均有密切關係。

（以上有關七〈書〉的內在關聯均採自加地伸行《史記》一書）

八〈書〉之後是〈世家〉，〈世家〉乃記述諸侯的歷史，亦即國別史。司馬遷說：「二十八宿環北辰，三十輻共一轂，運行無窮，輔拂股肱之臣配焉，忠信行道，以奉主上，作三十〈世家〉。」二十八宿是依五行說，將天分為東（蒼龍）、西（白虎）、南（朱鳥）、北（玄武）四宮，各宮又分七宿，故有二十八宿。「北辰」是指北極星。「二十八宿環北辰」與《論語．為政》篇「譬如北辰，居其所，而眾星共之」有關，意為二十八宿環繞在不動的北極星四周。二十八宿，其數接近三十，故以老子「三十輻共一轂」配之，因而〈世家〉有三十篇。文中，北辰和一轂均指人君，而以三十家奉人主，亦即以三十〈世家〉配〈本紀〉。在此值得注意的是，用天文學的觀點來配置人主與封建諸侯與人臣的關係。

三十〈世家〉中列有〈孔子世家〉和〈陳涉世家〉。孔子和陳涉皆非諸侯。孔子出任過的魯國，也配在〈世家〉中，孔子實無列入〈世家〉的身分。但司馬遷對孔子的評價是「天下君主至於賢人眾矣。當時則榮，沒則已焉。孔子布衣，傳十餘世，學者宗之，自天子王侯，中國言六藝者，莫不折中於夫子，可謂至聖矣。」（〈孔子世家〉）在此，司馬遷似有將孔子視為精神王侯之意，若然則列入〈世家〉亦不為過。至於陳涉（陳勝），亦未受封於人主（秦皇帝），理當不能列入〈世家〉。但司馬遷把他的起兵發難比做湯武革命、孔子作《春秋》，開創未來漢一統的局面（見〈太史公自序〉），而且做過王。孔子作《春秋》，傳之後世，可列為〈世家〉，而陳涉首難既被比為「孔子作《春秋》」，列為〈世家〉似無不可。

所謂「二十八宿環北辰」，司馬遷本意是否暗示三十〈世家〉中只有二十八家環繞在人主四周，而孔子和陳涉除外，但孔子和陳涉跟其他二十八家一樣，對中國都有莫大影響，故云：「三十輻共一轂」；還是只因二十八宿的天文學概念與三十世家在數字上相接近，才用二十八宿來暗示「本紀」與「世家」的天文學關係。抑是兩者皆有。實不得而知。

〈世家〉之後是七十〈列傳〉。〈列傳〉是指個人的傳記。其中較值得注意的是邊裔民族如匈奴、南越、東越、朝鮮、西南夷等皆列入〈列傳〉部門。這些邊裔民族大都稱王，依例應該列入〈世家〉。不過，其中亦有為漢所亡者，如南越，依韓信削王為侯，列入〈列傳〉之例，南越自可入〈列傳〉。可是匈奴並未為中國所亡，而且一直稱王，自不能因「設備征討」即列入〈列傳〉。這可能與司馬遷受《春秋》公羊學的影響有關，日人宮崎市定即持此說。

不管司馬遷將邊裔民族列入〈列傳〉的用意何在，從整個《史記》的認知範疇來說，《史記》所構畫的歷史圖像可以說是以中國為中心，眾星拱月式的世界史圖像。

五

最後必須一提的是《史記》改寫本的構想。

司馬遷的《史記》每篇都有其寫作的著力點，例如〈高祖本紀〉著力點在描寫劉邦的「寬仁大度」，至於劉邦的非情與猜忌，則散見於其他相關之人的傳記中。〈項羽本紀〉著重於描寫項羽的豪勇，其缺點也散見他人傳記。而且，如前所述，司馬遷分〈本紀〉、〈世家〉等等，均有其用意。如果改寫，可能會損及《史記》的原意。

可是，現在距司馬遷已有兩千多年，司馬遷〈本紀〉、〈世家〉、〈列傳〉之分對我們似乎已無太大意義。而且，按一個人的好壞面加以區分，在現代的傳記寫法上，似乎並無必要。故筆者改寫時，大膽地打破了〈本紀〉、〈世家〉等等分界，重新予以組構。書名既然沿用《史記》，重新組構時，自當尊重司馬遷所採用的史實，甚至連《集解》、《正義》、《索隱》等資料也盡量少用，更不無謂地製造高潮，明知「荊軻刺秦王」可創出一些高潮來增加戲劇效果，執筆時也盡量予以避免。又如送兵書給張良的圯上老人，傳說中說是「黃石公」，但《史記》裡並未明記這老人叫黃石公，只說濟北黃石，所以改寫本中只說是「老人」，而不稱「黃石公」。

構想時，有三點必須考慮：㈠此書是給青少年和一般人觀覽，並非給專家學者閱讀，故下筆須淺白，有故事性。㈡字數有限制，《史記》原文有五十多萬字，而改寫本的字數限定在十五萬字以內，故須做重點式的選擇。㈢《中國歷代經典寶庫》系列有《左傳》與《戰國策》，為避免與之重複，割捨了《史記》中春秋戰國時代的大部分。

基於這三點考慮，我決定以歷史發展為主題，而將重點放在「秦始皇」以後，幸好《史記》精采部分也大都集中在秦以後。唐劉知幾在《史通．敘事》中即指出《史記》的精采部分集中在秦漢以後。

於是，在上古部分，選取了中國士人理想中的帝王——堯、舜作為敘述的重點。這部分，《史記》引用了許多《尚書》原文，寫來勢必沉悶，故予省略，而將重點放在堯、舜「天下為公」的胸懷上。三代則以周武王伐紂與周公施政為敘述重點。中國人所謂「三代之盛」大抵集中在這一時期。這兩部分，《史記》寫來比較滯澀，改寫本也可能留下此一痕跡。

第三部分是春秋戰國時代，本書只取吳、越之戰，而以伍子胥的剛烈和范蠡的冷靜為對比，敘述吳、越之戰的過程。第四部分是秦、漢以後，也是本書的重點，敘述秦帝國的興亡、項羽與劉邦的爭霸，再及於劉邦稱帝後三大功臣的叛離以及呂后稱制。這部分是《史記》寫得最絢爛的部分。第五部分著重在漢武帝時期，目的在顯示漢一統世界的穩定與對

外的擴張——征伐匈奴之役。

另外，在本書每章前都附小引文，或表明寫這一章的用意，或作歷史的導引，或作人物性格的粗略分析。同時為了表明本書並非杜撰，都在章名後注明出處。如〈秦的興亡〉這一章後面標明：〈秦始皇本紀〉、〈呂不韋列傳〉、〈李斯列傳〉等，其意是說，這一章的資料全出自〈秦始皇本紀〉等，讀者如果有興趣，可去查對原書，當然，在行文時也難免有表露筆者自己意見之處。

改寫《史記》時，是以宏業書店的點校本《史記》為藍本，並參閱田中謙二、一海知義譯《史記》、山崎純一編譯《物語史記》、瀧川龜太郎著《史記會注考證》等。

篇末〈談司馬遷與《史記》〉則另參閱日人宮崎市定《史記を語る》、加地伸行《史記——司馬遷的世界》與阮芝生〈論《史記》五體及「太史公曰」的述與作〉（《臺大歷史系學報》第六期）。關於史記五體——本紀、表、書、世家、列傳——務請參閱阮芝生先生的大作。

附錄二

原典精選

伍子胥者，楚人也，名員。員父曰伍奢。員兄曰伍尚。其先曰伍舉，以直諫事楚莊王，有顯，故其後世有名於楚。

楚平王有太子名曰建，使伍奢為太傅，費無忌為少傅。無忌不忠於太子建。平王使無忌為太子取婦於秦，秦女好，無忌馳歸報平王曰：「秦女絕美，王可自取，而更為太子取婦。」平王遂自取秦女而絕愛幸之，生子軫。更為太子取婦。

無忌既以秦女自媚於平王，因去太子而事平王。恐一旦平王卒而太子立，殺己，乃因讒太子建。建母，蔡女也，無寵於平王。平王稍益疏建，使建守城父，備邊兵。

頃之，無忌又日夜言太子短於王曰：「太子以秦女之故，不能無怨望，願王少自備也。自太子居城父，將兵，外交諸侯，且欲入為亂矣。」平王乃召其太傅伍奢考問之。伍奢知無忌讒太子於平王，因曰：「王獨奈何以讒賊小臣疏骨肉之親乎？」無忌曰：「王今不制，其事成矣。王且見禽。」於是平王怒，囚伍奢，而使城父司馬奮揚往殺太子。行未至，奮揚使人先告太子：「太子急去，不然將誅。」太子建亡奔宋。

無忌言於平王曰：「伍奢有二子，皆賢，不誅且為楚憂。可以其父質而召之，不然且為楚患。」王使使謂伍奢曰：「能致汝二子則生，不能則死。」伍奢曰：「尚為人仁，呼必來。員為人剛戾忍詢，能成大事，彼見來之并禽，其勢必不來。」王不聽，使人召二子曰：「來，吾生汝父；不來，今殺奢也。」伍尚欲往，員曰：「楚之召我兄弟，非欲以生我父也，恐有脫者後生患，故以父為質，詐召二子。二子到，則父子俱死。何益父之死？往而令讎不得報耳。不如奔他國，借力以雪父之恥，俱滅，無為也。」伍尚曰：「我知往終不能全父命。然恨父召我以求生而不往，後不能雪恥，終為天下笑耳。」謂員：「可去矣！汝能報殺父之讎，我將歸死。」尚既就執，使者捕伍胥。伍胥貫弓執矢嚮使者，使者不敢進，伍胥遂亡。聞太子建之在宋，往從之。奢聞子胥之亡也，曰：「楚國君臣且苦兵矣。」伍尚至楚，楚并殺奢與尚也。

伍胥既至宋，宋有華氏之亂，乃與太子建俱奔於鄭。鄭人甚善之。太子建又適晉，晉頃公曰：「太子既善鄭，鄭信太子。太子能為我內應，而我攻其外，滅鄭必矣。滅鄭而封太子。」太子乃還鄭。事未會，會自私欲殺其從者，從者知其謀，乃告之於鄭。鄭定公與子產誅報太子建。建有子名勝。伍胥懼，乃與勝俱奔吳。到昭關，昭關欲執之。伍胥遂與勝獨身步走，幾不得脫。追者在後。至江，江上有一漁父乘船，知伍胥之急，乃渡伍胥。伍胥既渡，解其劍曰：「此劍值百金，以與父。」父曰：「楚國之法，得伍胥者賜粟五萬石，爵執珪，豈徒百金劍邪！」不受。伍胥未至吳而疾，止中道，乞食。至於吳，吳王僚

方用事，公子光為將。伍胥乃因公子光以求見吳王。

久之，楚平王以其邊邑鍾離與吳邊邑卑梁氏俱蠶，兩女子爭桑相攻，乃大怒，至於兩國舉兵相伐。吳使公子光伐楚，拔其鍾離、居巢而歸。伍子胥說吳王僚曰：「楚可破也。願復遣公子光。」公子光謂吳王曰：「彼伍胥父兄為戮於楚，而勸王伐楚者，欲以自報其讎耳。伐楚未可破。」伍胥知公子光有內志，欲殺王而自立，未可說以外事，乃進專諸於公子光，退而與太子建之子勝耕於野。

五年而楚平王卒。初，平王所奪太子建秦女生子軫，及平王卒，軫竟立為後，是為昭王。吳王僚因楚喪，使二公子將兵往襲楚。楚發兵絕吳兵之後，不得歸。吳國內空，而公子光乃令專諸襲刺吳王僚而自立，是為吳王闔廬。闔廬既立，得志，乃召伍員以為行人，而與謀國事。

楚誅其大臣郤宛、伯州犁，伯州犁之孫伯嚭（ㄆㄧˇ pǐ）亡奔吳，吳亦以嚭為大夫。前王僚所遣二公子將兵伐楚者，道絕不得歸。後聞闔廬弒王僚自立，遂以其兵降楚，楚封之於舒。闔廬立三年，乃興師與伍胥、伯嚭伐楚，拔舒，遂禽故吳反二將軍。因欲至郢，將軍孫武曰：「民勞，未可，且待之。」乃歸。

四年，吳伐楚，取六與灊（ㄑㄧㄢˊ qián）。五年，伐越，敗之。六年，楚昭王使公子囊瓦將兵伐吳。吳使伍員迎擊，大破楚軍於豫章，取楚之居巢。

九年，吳王闔廬謂子胥、孫武曰：「始子言郢未可入，今果何如？」二子對曰：「楚將囊瓦貪，而唐、蔡皆怨之。王必欲大伐之，必先得唐、蔡乃可。」闔廬之，悉興師與唐、蔡伐楚，與楚夾漢水而陳。吳王之弟夫概將兵請從，王不聽，遂以其屬五千人擊楚將子常。子常敗走，奔鄭。於是吳乘勝而前，五戰，遂至郢。己卯，楚昭王出奔。庚辰，吳王入郢。

昭王出亡，入雲夢；盜擊王，王走鄖（ㄩㄣˊ yún）。鄖公弟懷曰：「平王殺我父，我殺其子，不亦可乎！」鄖公恐其弟殺王，與王奔隨。吳兵圍隨，謂隨人曰：「周之子孫在漢川者，楚盡滅之。」隨人欲殺王，王子綦（ㄑㄧˊ qí）匿王，己自為王以當之。隨人卜與王於吳，不吉，乃謝吳不與王。

始伍員與申包胥為交，員之亡也，謂包胥曰：「我必覆楚。」包胥曰：「我必存之。」及吳兵入郢，伍子胥求昭王，既不得，乃掘楚平王墓，出其尸，鞭之三百，然後已。申包胥亡於山中，使人謂子胥曰：「子之報讎，其以甚乎！吾聞之，人眾者勝天，天定亦能破人。今子故平王之臣，親北面而事之，今至於僇死人，此豈其無天道之極乎！」伍子胥曰：「為我謝申包胥曰，吾日莫途遠，吾故倒行而逆施之。」於是申包胥走秦告急，求救於秦。秦不許。包胥立於秦廷，晝夜哭，七日七夜不絕其聲。秦哀公憐之，曰：「楚雖無道，有臣若是，可無存乎！」乃遣車五百乘救楚擊吳。六月，敗吳兵於稷。會吳王久留楚

求昭王，而闔廬弟夫概乃亡歸，自立為王。闔廬聞之，乃釋楚而歸，擊其弟夫概。夫概敗走，遂奔楚，楚昭王見吳有內亂，乃復入郢。封夫概於堂谿，為堂谿氏。楚復與吳戰，敗吳，吳王乃歸。

後二歲，闔廬使太子夫差將兵伐楚，取番。楚懼吳復大來，乃去郢，徙於鄀。當是時，吳以伍子胥、孫武之謀，西破彊楚，北威齊晉，南服越人。

後五年，伐越。越王句踐迎擊，敗吳於姑蘇，傷闔廬指，軍卻。闔廬病創將死，謂太子夫差曰：「爾忘句踐殺爾父乎？」夫差對曰：「不敢忘。」是夕，闔廬死。夫差既立為王，以伯嚭為太宰，習戰射。二年後伐越，敗越於夫湫。越王句踐乃以餘兵五千人棲於會稽之上，使大夫種厚幣遺吳太宰嚭以請和，求委國為臣妾。吳王將許之。伍子胥諫曰：「越王為人能辛苦。今王不滅，後必悔之。」吳王不聽，用太宰嚭計，與越平。

其後五年，而吳王聞齊景公死而大臣爭寵，新君弱，乃興師北伐齊。伍子胥諫曰：「句踐食不重味，弔死問疾，且欲有所用之也。此人不死，必為吳患。今吳之有越，猶人之有腹心疾也。而王不先越而乃務齊，不亦謬乎！」吳王不聽，伐齊，大敗齊師於艾陵，遂威鄒魯之君以歸。益疏子胥之謀。

其後四年，吳王將北伐齊，越王句踐用子貢之謀，乃率其眾以助吳，而重寶以獻遺太宰嚭。太宰嚭既數受越賂，其愛信越殊甚，日夜為言於吳王。吳王信用嚭之計。伍子胥諫曰：「夫越，腹心之病，今信其浮辭詐偽而貪齊。破齊，譬猶石田，無所用之。且〈盤庚之誥〉曰：『有顛越不恭，劓（ㄧˋ yì）殄滅之，俾無遺育，無使易種於茲邑。』此商之所以興。願王釋齊而先越；若不然，後將悔之無及。」而吳王不聽，使子胥於齊。子胥臨行，謂其子曰：「吾數諫王，王不用，吾今見吳之亡矣，汝與吳俱亡，無益也。」乃屬其子於齊鮑牧，而還報吳。

吳太宰嚭既與子胥有隙，因讒曰：「子胥為人剛暴，少恩，猜賊，其怨望恐為深禍也。前日王欲伐齊，子胥以為不可，王卒伐之而有大功。子胥恥其計謀不用，乃反怨望。而今王又復伐齊，子胥專愎彊諫，沮毀用事，徒幸吳之敗以自勝其計謀耳。今王自行，悉國中武力以伐齊，而子胥諫不用，因輟謝，詳病不行。王不可不備，此起禍不難。且嚭使人微伺之，其使於齊，乃屬其子於齊之鮑氏。夫為人臣，內不得意，外倚諸侯，自以為先王之謀臣，今不見用，常鞅鞅怨望。願王早圖之。」吳王曰：「微子之言，吾亦疑之。」乃使使賜伍子胥屬鏤之劍，曰：「子以此死。」伍子胥仰天嘆曰：「嗟乎！讒臣嚭為亂矣，王乃反誅我。我令若父霸。自若未立時，諸公子爭立，我以死爭之於先王，幾不得立。若既得立，欲分吳國予我，我顧不敢望也。然今若聽諛臣言以殺長者。」乃告其舍人曰：「必樹吾墓上以梓，令可以為器；而抉吾眼縣吳東門之上，以觀越寇之入滅吳也。」乃自剄（ㄐㄧㄥˇ jǐng）死。吳王聞之大怒，乃取子胥尸盛以鴟夷革，浮之江中。吳人憐之，為立祠於江

上，因命曰胥山。

吳王既誅伍子胥，遂伐齊。齊鮑氏殺其君悼公而立陽生。吳王欲討其賊，不勝而去。其後二年，吳王召魯衞之君會之橐（ㄊㄨㄛˊ tuó）皐。其明年，因北大會諸侯於黃池，以令周室。越王句踐襲殺吳太子，破吳兵。吳王聞之，乃歸，使使厚幣與越平。後九年，越王句踐滅吳，殺王夫差；而誅太宰嚭，以不忠於其君，而外受重賂，與己比周也。

——錄自〈伍子胥列傳〉

二

魏有隱士曰侯嬴，年七十，家貧，為大梁夷門監者。公子（信陵君）聞之，往請，欲厚遺之，不肯受，曰：「臣脩身絜行數十年，終不以監門困故而受公子財。」公子於是乃置酒大會賓客。坐定，公子從車騎，虛左，自迎夷門侯生。侯生攝敝衣冠，直上載公子上坐，不讓，欲以觀公子。公子執轡（ㄆㄟˋ pèi）愈恭。侯生又謂公子曰：「臣有客在市屠中，願枉車騎過之。」公子引車入市，侯生下見其客朱亥，俾倪故久立，與其客語，微察公子。公子顏色愈和。當是時，魏將相宗室賓客滿堂，待公子舉酒。市人皆觀公子執轡。從騎皆竊罵侯生。侯生視公子色終不變，乃謝客就車。至家，公子引侯生坐上坐，徧贊

賓客，賓客皆驚。酒酣，公子起，為壽侯生前。侯生因謂公子曰：「今日嬴之為公子亦足矣。嬴乃夷門抱關者也，而公子親枉車騎，自迎嬴於眾人廣坐之中，不宜有所過，今公子故過之。然嬴欲就公子之名，故久立公子車騎市中，過客以觀公子，公子愈恭。市人皆以嬴為小人，而以公子為長者能下士也。」於是罷酒，侯生遂為上客。

侯生謂公子曰：「臣所過屠者朱亥，此子賢者，世莫能知，故隱屠閒耳。」公子往數請之，朱亥故不復謝，公子怪之。

魏安釐王二十年，秦昭王已破趙長平軍，又進兵圍邯鄲。公子姊為趙惠文王弟平原君夫人，數遺魏王及公子書，請救於魏。魏王使將軍晉鄙將十萬眾救趙。秦王使使者告魏王曰：「吾攻趙旦暮且下，而諸侯敢救者，已拔趙，必移兵先擊之。」魏王恐，使人止晉鄙，留軍壁鄴，名為救趙，實持兩端以觀望。平原君使者冠蓋相屬於魏，讓魏公子曰：「勝所以自附為婚姻者，以公子之高義，為能急人之困。今邯鄲旦暮降秦而魏救不至，安在公子能急人之困也！且公子縱輕勝，棄之降秦，獨不憐公子姊邪？」公子患之，數請魏王，及賓客辯士說王萬端。魏王畏秦，終不聽公子。公子自度終不能得之於王，計不獨生而令趙亡，乃請賓客，約車騎百餘乘，欲以客往赴秦軍，與趙俱死。

行過夷門，見侯生，具告所以欲死秦軍狀。辭決而行，侯生曰：「公子勉之矣，老臣不能從。」公子行數里，心不快，曰：「吾所以待侯生者備矣，天下莫不聞，今吾且死而

侯生曾無一言半辭送我，我豈有所失哉？」復引車還，問侯生。侯生笑曰：「臣固知公子之還也。」曰：「公子喜士，名聞天下。今有難，無他端而欲赴秦軍，譬若以肉投餒虎，何功之有哉？尚安事客？然公子遇臣厚，公子往而臣不送，以是知公子恨之復返也。」公子再拜，因問。侯生乃屏人閒語，曰：「嬴聞晉鄙之兵符常在王臥內，而如姬最幸，出入王臥內，力能竊之。嬴聞如姬父為人所殺，如姬資之三年，自王以下欲求報其父仇，莫能得。如姬為公子泣，公子使客斬其仇頭，敬進如姬。如姬之欲為公子死，無所辭，顧未有路耳。公子誠一開口請如姬，如姬必許諾，則得虎符奪晉鄙軍，北救趙而西卻秦，此五霸之伐也。」公子從其計，請如姬。如姬果盜晉鄙兵符與公子。

公子行，侯生曰：「將在外，主令有所不受，以便國家。公子即合符，而晉鄙不授公子兵而復請之，事必危矣。臣客屠者朱亥可與俱，此人力士。晉鄙聽，大善；不聽，可使擊之。」於是公子泣。侯生曰：「公子畏死邪？何泣也？」公子曰：「晉鄙嚄唶宿將，往恐不聽，必當殺之，是以泣耳，豈畏死哉？」於是公子請朱亥。朱亥笑曰：「臣迺市井鼓刀屠者，而公子親數存之，所以不報謝者，以為小禮無所用。今公子有急，此乃臣效命之秋也。」遂與公子俱。公子過謝侯生。侯生曰：「臣宜從，老不能。請數公子行日，以行晉鄙軍之日，北鄉自剄，以送公子。」公子遂行。

——錄自〈魏公子列傳〉

三

是時，漢兵盛食多，項王（項羽）兵罷食絕。漢遣陸賈說項王，請太公，項王弗聽。漢王（劉邦）復使侯公往說項王，項王乃與漢約，中分天下，割鴻溝以西者為漢，鴻溝而東者為楚。項王許之，即歸漢王父母妻子。軍皆呼萬歲。漢王乃封侯公為平國君。匿弗肯復見。曰：「此天下辯士，所居傾國，故號為平國君。」項王已約，乃引兵解而東歸。

漢欲西歸，張良、陳平說曰：「漢有天下太半，而諸侯皆附之。楚兵罷食盡，此天亡楚之時也，不如因其機而遂取之。今釋弗擊，此所謂『養虎自遺患』也。」漢王聽之。漢五年，漢王乃追項王至陽夏南，止軍，與淮陰侯韓信、建成侯彭越期會而擊楚軍。至固陵，而信、越之兵不會。楚擊漢軍，大破之。

漢王復入壁，深塹而自守。謂張子房曰：「諸侯不從約，為之奈何？」對曰：「楚兵且破，信、越未有分地，其不至固宜。君王能與共分天下，今可立致也。即不能，事未可知也。君王能自陳以東傅海，盡與韓信；睢陽以北至穀城，以與彭越：使各自為戰，則楚易敗也。」漢王曰：「善。」於是乃發使者告韓信、彭越曰：「并力擊楚。楚破，自陳以東傅海與齊王，睢陽以北至穀城與彭相國。」使者至，韓信、彭越皆報曰：「請今

進兵。」韓信乃從齊往，劉賈軍從壽春並行，屠城父，至垓下。大司馬周殷叛楚，以舒屠六，舉九江兵，隨劉賈、彭越皆會垓下，詣項王。

項王軍壁垓下，兵少食盡，漢軍及諸侯兵圍之數重。夜聞漢軍四面皆楚歌，項王乃大驚曰：「漢皆已得楚乎？是何楚人之多也！」項王則夜起，飲帳中。有美人名虞，常幸從；駿馬名騅，常騎之。於是項王乃悲歌忼慨，自為詩曰：「力拔山兮氣蓋世，時不利兮騅不逝。騅不逝兮可奈何，虞兮虞兮奈若何！」歌數闋，美人和之。項王泣數行下，左右皆泣，莫能仰視。

於是項王乃上馬騎，麾下壯士騎從者八百餘人，直夜潰圍南出，馳走。平明，漢軍乃覺之，令騎將灌嬰以五千騎追之。項王渡淮，騎能屬者百餘人耳。項王至陰陵，迷失道，問一田父，田父紿曰「左」。左，乃陷大澤中。以故漢追及之。項王乃復引兵而東，至東城，乃有二十八騎。漢騎追者數千人。

項王自度不得脫。謂其騎曰：「吾起兵至今八歲矣，身七十餘戰，所當者破，所擊者服，未嘗敗北，遂霸有天下。然今卒困於此，此天之亡我，非戰之罪也。今日固決死，願為諸君快戰，必三勝之，為諸君潰圍，斬將，刈旗，令諸君知天亡我，非戰之罪也。」乃分其騎以為四隊，四嚮。漢軍圍之數重。項王謂其騎曰：「吾為公取彼一將。」令四面騎馳下，期山東為三處。於是項王大呼馳下，漢軍皆披靡，遂斬漢一將。

是時，赤泉侯為騎將，追項王，項王瞋目而叱之，赤泉侯人馬俱驚，辟易數里。與其騎會為三處。漢軍不知項王所在，乃分軍為三，復圍之。項王乃馳，復斬漢一都尉，殺數十百人，復聚其騎，亡其兩騎耳。乃謂其騎曰：「何如？」騎皆伏曰：「如大王言。」

於是項王乃欲東渡烏江。烏江亭長檥船待，謂項王曰：「江東雖小，地方千里，眾數十萬人，亦足王也。願大王急渡。今獨臣有船，漢軍至，無以渡。」項王笑曰：「天之亡我，我何渡為！且籍與江東子弟八千人渡江而西，今無一人還，縱江東父兄憐而王我，我何面目見之？縱彼不言，籍獨不愧於心乎？」乃謂亭長曰：「吾知公長者。吾騎此馬五歲，所當無敵，嘗一日行千里，不忍殺之，以賜公。」乃令騎皆下馬步行，持短兵接戰。獨籍所殺漢軍數百人。

項王身亦被十餘創。顧見漢騎司馬呂馬童，曰：「若非吾故人乎？」馬童面之，指王翳曰：「此項王也。」

項王乃曰：「吾聞漢購我頭千金，邑萬戶，吾為若德。」乃自刎而死。王翳取其頭，餘騎相蹂踐爭項王，相殺者數十人。最其後，郎中騎楊喜，騎司馬呂馬童，郎中呂勝、楊武各得其一體。五人共會其體，皆是。故分其地為五：封呂馬童為中水侯，封王翳為杜衍侯，封楊喜為赤泉侯，封楊武為吳防侯，封呂勝為涅陽侯。

項王已死，楚地皆降漢，獨魯不下。漢乃引天下兵欲屠之，為其守禮義，為主死節，

乃持項王頭視魯，魯父兄乃降。始，楚懷王初封項籍為魯公，及其死，魯最後下，故以魯公禮葬項王穀城。漢王為發哀，泣之而去。

太史公曰：吾聞之周生曰「舜目蓋重瞳子」，又聞項羽亦重瞳子。羽豈其苗裔邪？何興之暴也！夫秦失其政，陳涉首難，豪傑蠭（ㄈㄥ fēng）起，相與並爭，不可勝數。然羽非有尺寸乘埶，起隴畝之中，三年，遂將五諸侯滅秦，分裂天下，而封王侯，政由羽出，號為「霸王」，位雖不終，近古以來未嘗有也。及羽背關懷楚，放逐義帝而自立，怨王侯叛己，難矣。自矜功伐，奮其私智而不師古，謂霸王之業，欲以力征經營天下，五年卒亡其國，身死東城，尚不覺寤而不自責，過矣。乃引「天亡我，非用兵之罪也」，豈不謬哉！

——錄自〈項羽本紀〉

四

漢四年，遂皆降平齊。（韓信）使人言漢王曰：「齊偽詐多變，反覆之國也，南邊楚，不為假王以鎮之，其勢不定。願為假王便。」當是時，楚方急圍漢王於滎陽，韓信使者至，發書，漢王大怒，罵曰：「吾困於此，旦暮望若來佐我，乃欲自立為王！」張良、陳平躡漢王足，因附耳語曰：「漢方不利，寧能禁信之王乎？不如因而立，善遇之，使自為守。不然，變生。」漢王亦悟，因復罵曰：「大丈夫定諸侯，即為真王耳，何以假為！」乃遣張良往立信為齊王，徵其兵擊楚。

楚已亡龍且，項王恐，使盱眙人武涉往說齊王信曰：「天下共苦秦久矣，相與勠力擊秦。秦已破，計功割地，分土而王之，以休士卒。今漢王復興兵而東，侵人之分，奪人之地，已破三秦，引兵出關，收諸侯之兵以東擊楚，其意非盡吞天下者不休，其不知厭足如是甚也。且漢王不可必，身居項王掌握中數矣，項王憐而活之，然得脫，輒倍約，復擊項王，其不可親信如此。今足下雖自以與漢王為厚交，為之盡力用兵，終為之所禽矣。足下所以得須臾至今者，以項王尚存也。當今二王之事，權在足下。足下右投則漢王勝，左投則項王勝。項王今日亡，則次取足下。足下與項王有故，何不反漢與楚連和，參分天下王之？今釋此時，而自必於漢以擊楚，且為智者固若此乎！」韓信謝曰：「臣事項王，官不過郎中，位不過執戟，言不聽，畫不用，故倍楚而歸漢。漢王授我上將軍印，予我數萬眾，解衣衣我，推食食我，言聽計用，故吾得以至此。夫人深親信我，我倍之不祥，雖死不易。幸為信謝項王！」

武涉已去，齊人蒯通知天下權在韓信，欲為奇策而感動之，以相人說韓信曰：「僕嘗受相人之術。」韓信曰：「先生相人何如？」對曰：「貴賤在於骨法，憂喜在於容色，成敗在於決斷，以此參之，萬不失一。」韓信曰：「善。先生相寡人何如？」對曰：「願

少閒。」信曰：「左右去矣。」通曰：「相君之面，不過封侯，又危不安。相君之背，貴乃不可言。」韓信曰：「何謂也？」蒯通曰：「天下初發難也，俊雄豪桀建號壹呼，天下之士雲合霧集，魚鱗襍遝（ㄗㄚˊ ㄊㄚˋ zá tà），熛（ㄅㄧㄠ biāo）至風起。當此之時，憂在亡秦而已。今楚漢分爭，使天下無罪之人肝膽塗地，父子暴骸骨於中野，不可勝數。楚人起彭城，轉鬥逐北，至於滎陽，乘利席卷，威震天下。然兵困於京、索之閒，迫西山而不能進者，三年於此矣。漢王將數十萬之眾，距鞏、雒，阻山河之險，一日數戰，無尺寸之功，折北不救，敗滎陽，傷成皐，遂走宛、葉之閒，此所謂智勇俱困者也。夫銳氣挫於險塞，而糧食竭於內府，百姓罷極怨望，容容無所倚。以臣料之，其勢非天下之賢聖固不能息天下之禍。當今兩主之命縣於足下。足下為漢則漢勝，與楚則楚勝。臣願披腹心，輸肝膽，效愚計，恐足下不能用也。誠能聽臣之計，莫若兩利而俱存之，參分天下，鼎足而居，其勢莫敢先動。夫以足下之賢聖，有甲兵之眾，據彊齊，從燕、趙，出空虛之地而制其後，因民之欲，西鄉為百姓請命，則天下風走而響應矣，孰敢不聽！割大弱彊，以立諸侯，諸侯已立，天下服聽而歸德於齊。案齊之故，有膠、泗之地，懷諸侯以德，深拱揖讓，則天下之君王相率而朝於齊矣。蓋聞天與弗取，反受其咎；時至不行，反受其殃。願足下孰慮之。」

韓信曰：「漢王遇我甚厚，載我以其車，衣我以其衣。食我以其食。吾聞之，乘人之

車者載人之患，衣人之衣者懷人之憂，食人之食者死人之事，吾豈可以鄉利倍義乎！」蒯生曰：「足下自以為善漢王，欲建萬世之業，臣竊以為誤矣。始常山王、成安君為布衣時，相與為刎頸之交，後爭張黶、陳澤之事，二人相怨。常山王背項王，奉項嬰頭而竄，逃歸於漢王。漢王借兵而東下，殺成安君泜水之南，頭足異處，卒為天下笑。此二人相與，天下至驩也。然而卒相禽者，何也？患生於多欲而人心難測也。今足下欲行忠信以交於漢王，必不能固於二君之相與也，而事多大於張黶、陳澤。故臣以為足下必漢王之不危己，亦誤矣。大夫種、范蠡存亡越，霸句踐，立功成名而身死亡。野獸已盡而獵狗亨。夫以交友言之，則不如張耳之與成安君者也；以忠信言之，則不過大夫種、范蠡之於句踐。此二人者，足以觀矣。願足下深慮之。且臣聞勇略震主者身危，而功蓋天下者不賞。臣請言大王功略：足下涉西河，虜魏王，禽夏說，引兵下井陘，誅成安君，徇趙，脅燕，定齊，南摧楚人之兵二十萬，東殺龍且，西鄉以報，此所謂功無二於天下，而略不世出者也。今足下戴震主之威，挾不賞之功，歸楚，楚人不信；歸漢，漢人震恐：足下欲持是安歸乎？夫勢在人臣之位而有震主之威，名高天下，竊為足下危之。」韓信謝曰：「先生且休矣，吾將念之。」

後數日，蒯通復說曰：「夫聽者事之候也，計者事之機也，聽過計失而能久安者，鮮矣。聽不失一二者，不可亂以言；計不失本末者，不可紛以辭。夫隨廝養之役者，失萬乘

之權；守儋石之祿者，闕卿相之位。故知者決之斷也，疑者事之害也，審豪氂之小計，遺天下之大數，智誠知之，決弗敢行者，百事之禍也。故曰『猛虎之猶豫，不若蜂蠆（chài ㄔㄞˋ）之致螫；騏驥之跼躅，不如駑馬之安步；孟賁之狐疑，不如庸夫之必至也；雖有舜禹之智，吟而不言，不如瘖聾之指麾也』。此言貴能行之。夫功者難成而易敗，時者難得而易失也。時乎時，不再來。願足下詳察之。」韓信猶豫不忍倍漢，又自以為功多，漢終不奪我齊，遂謝蒯通。蒯通說不聽，已詳狂為巫。

太史公曰：吾如淮陰，淮陰人為余言，韓信雖為布衣時，其志與眾異。其母死，貧無以葬，然乃行營高敞地，令其旁可置萬家。余視其母家，良然。假令韓信學道謙讓，不伐己功，不矜其能，則庶幾哉，於漢家勳可以比周、召、太公之徒，後世血食矣。不務出此，而天下已集，乃謀畔逆，夷滅宗族，不亦宜乎！

——錄自〈淮陰侯列傳〉

五

匈奴大入上郡，天子（漢景帝）使中貴人從李廣勒習兵擊匈奴。中貴人將騎數十縱，見匈奴三人，與戰。三人還射，傷中貴人，殺其騎且盡。中貴人走廣。廣曰：「是必射雕

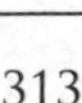

者也。」廣乃遂從百騎往馳三人。三人亡馬步行，行數十里。廣令其騎張左右翼，而廣身自射彼三人者，殺其二人，生得一人，果匈奴射雕者也。已縛之上馬，望匈奴有數千騎，見廣，以為誘騎，皆驚，上山陳。廣之百騎皆大恐，欲馳還走。廣曰：「吾去大軍數十里，今如此以百騎走，匈奴追射我立盡。今我留，匈奴必以我為大軍〔之〕誘，必不敢擊我。」廣令諸騎曰：「前！」前未到匈奴陳二里所，止，令曰：「皆下馬解鞍！」其騎曰：「虜多且近，即有急，奈何？」廣曰：「彼虜以我為走，今皆解鞍以示不走，用堅其意。」於是胡騎遂不敢擊。有白馬將出護其兵，李廣上馬與十餘騎犇（ㄅㄣ bēn）射殺胡白馬將，而復還至其騎中，解鞍，令士皆縱馬臥，是時會暮。胡兵終怪之，不敢擊。夜半時，胡兵亦以為漢有伏軍於旁欲夜取之，胡皆引兵而去。平旦，李廣乃歸其大軍。大軍不知廣所之，故弗從。

後（武帝時）漢以馬邑城誘單于，使大軍伏馬邑旁谷，而廣為驍騎將軍，領屬護軍將軍。是時單于覺之，去，漢軍皆無功。其後四歲，廣以衞尉為將軍，出鴈門擊匈奴。匈奴兵多，破敗廣軍，生得廣。單于素聞廣賢，令曰：「得李廣必生致之。」胡騎得廣，廣時傷病，置廣兩馬閒，絡而盛臥廣。行十餘里，廣詳死，睨其旁有一胡兒騎善馬，廣暫騰而上胡兒馬，因推墮兒，取其弓，鞭馬南馳數十里，復得其餘軍，因引而入塞。匈奴捕者

騎數百追之，廣行取胡兒弓，射殺追騎，以故得脫。於是至漢，漢下廣吏。吏當廣所失亡多，為虜所生得，當斬，贖為庶人。

頃之，家居數歲。廣家與故潁陰侯孫屏野居藍田南山中射獵。嘗夜從一騎出，從人田閒飲。還至霸陵亭，霸陵尉醉，呵止廣。廣騎曰：「故李將軍。」尉曰：「今將軍尚不得夜行，何乃故也！」止廣宿亭下。居無何，匈奴入殺遼西太守，敗韓將軍，後韓將軍徙右北平。於是天子乃召拜廣為右北平太守。廣即請霸陵尉與俱，至軍而斬之。

廣居右北平，匈奴聞之，號曰「漢之飛將軍」，避之數歲，不敢入右北平。

廣出獵，見草中石，以為虎而射之，中石沒鏃，視之石也。因復更射之，終不能復入石矣。廣所居郡聞有虎，嘗自射之。及居右北平射虎，虎騰傷廣，廣亦竟射殺之。

廣廉，得賞賜輒分其麾下，飲食與士共之。終廣之身，為二千石四十餘年，家無餘財，終不言家產事。

廣為人長，猨臂，其善射亦天性也，雖其子孫他人學者，莫能及廣。廣訥口少言，與人居則畫地為軍陳，射闊狹以飲。專以射為戲，竟死。廣之將兵，乏絕之處，見水，士卒不盡飲，廣不近水，士卒不盡食，廣不嘗食。寬緩不苛，士以此愛樂為用。其射，見敵急，非在數十步之內，度不中不發，發即應弦而倒。用此，其將兵數困辱，其射猛獸亦為所傷云。

居頃之，石建卒，於是上召廣代建為郎中令。元朔六年，廣復為後將軍，從大將軍（衞青）軍出定襄，擊匈奴。諸將多中首虜率，以功為侯者，而廣軍無功。後二歲，廣以郎中令將四千騎出右北平，博望侯張騫將萬騎與廣俱，異道。行可數百里，匈奴左賢王將四萬騎圍廣，廣軍士皆恐，廣乃使其子敢往馳之。敢獨與數十騎馳，直貫胡騎，出其左右而還，告廣曰：「胡虜易與耳。」軍士乃安。廣為圜陳外嚮，胡急擊之，矢下如雨。漢兵死者過半，漢矢且盡。廣乃令士持滿毋發，而廣身自以大黃射其裨將，殺數人，胡虜益解。會日暮，吏士皆無人色，而廣意氣自如，益治軍。軍中自是服其勇也。明日，復力戰，而博望侯軍亦至，匈奴軍乃解去。漢軍罷，弗能追。是時廣軍幾沒，罷歸。漢法，博望侯留遲後期，當死，贖為庶人。廣軍功自如，無賞。

後二歲，大將軍、驃騎將軍（霍去病）大出擊匈奴，廣數自請行。天子以為老，弗許；良久乃許之，以為前將軍。是歲，元狩四年也。

廣既從大將軍青擊匈奴，既出塞，青捕虜知單于所居，乃自以精兵走之，而令廣并於右將軍軍，出東道。東道少回遠，而大軍行水草少，其勢不屯行。廣自請曰：「臣部為前將軍，今大將軍乃徙令臣出東道，且臣結髮而與匈奴戰，今乃一得當單于，臣願居前，先死單于。」

大將軍青亦陰受上誡，以為李廣老，數奇，毋令當單于，恐不得所欲。而是時公孫敖新失侯，為中將軍從大將軍，大將軍亦欲使敖與俱當單于。故徙前將軍廣。廣時知之，固自辭於大將軍。大將軍不聽，令長史封書與廣之莫府，曰：「急詣部，如書。」廣不謝大將軍而起行，意甚慍怒而就部，引兵與右將軍食其合軍出東道。

軍亡導，或失道，後大將軍。大將軍與單于接戰，單于遁走，弗能得而還。南絕幕，遇前將軍、右將軍。廣已見大將軍，還入軍。大將軍使長史持糒醪遺廣，因問廣、食其失道狀，青欲上書報天子軍曲折。廣未對，大將軍使長史急責廣之幕府對簿。廣曰：「諸校尉無罪，乃我自失道。吾今自上簿。」

至莫府，廣謂其麾下曰：「廣結髮與匈奴大小七十餘戰，今幸從大將軍出接單于兵，而大將軍又徙廣部行回遠，而又迷失道，豈非天哉！且廣年六十餘矣，終不能復對刀筆之吏。」遂引刀自剄。廣軍士大夫一軍皆哭。百姓聞之，知與不知，無老壯皆為垂涕。而右將軍獨下吏，當死，贖為庶人。

太史公曰：傳曰「其身正，不令而行；其身不正，雖令不從」。其李將軍之謂也？余睹李將軍悛悛如鄙人，口不能道辭。及死之日，天下知與不知，皆為盡哀。彼其忠實心誠信於士大夫也？諺曰「桃李不言，下自成蹊」。此言雖小，可以諭大也。

——錄自〈李將軍列傳〉

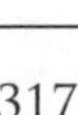

中國歷代經典寶庫㊱

史記——歷史的長城

編撰者——李永熾
編輯——康逸藍
責任企劃——洪小偉
校對——蕭淑芳

董事長——趙政岷
出版者——時報文化出版企業股份有限公司
108019台北市和平西路三段二四〇號三樓
發行專線—（〇二）二三〇六—六八四二
讀者服務專線—〇八〇〇—二三一—七〇五
（〇二）二三〇四—七一〇三
讀者服務傳真—（〇二）二三〇四—六八五八
郵撥—一九三四四七二四時報文化出版公司
信箱—一〇八九九臺北華江橋郵局第九九信箱

時報悅讀網——http://www.readingtimes.com.tw
法律顧問——理律法律事務所 陳長文律師、李念祖律師
印刷——勁達印刷有限公司
五版一刷——二〇一二年十月十九日
五版三刷——二〇二〇年八月六日
定價——新台幣二百五十元

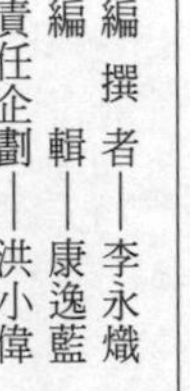

時報文化出版公司成立於一九七五年，
並於一九九九年股票上櫃公開發行，於二〇〇八年脫離中時集團非屬旺中，
以「尊重智慧與創意的文化事業」為信念。

史記：歷史的長城 / 李永熾編撰. -- 五版. -- 臺北市：時報文化,
2012.10
面； 公分. --（中國歷代經典寶庫；36）

ISBN 978-957-13-5642-6（平裝）

1.史記 2.通俗作品

610.11 101016669

ISBN 978-957-13-5642-6
Printed in Taiwan